Bienvenue à Palerme

COVID-19
Toutes les adresses et informations pratiques de ce guide ont été vérifiées avant impression. L'étendue des répercussions de la pandémie de Covid-19 sur le secteur touristique n'étant encore pas connue au moment de la rédaction, il est néanmoins possible que certaines informations ne soient plus exactes à parution de ce guide.

Détail de la fontaine sur la Piazza Pretoria.
O. Steinbicker/mauritius images/age fotostock

Arriver à Palerme

EN AVION

Aéroport Falcone-Borsellino
Punta Raisi, à 30 km au nord de Palerme par l'autoroute A 29 - *☎ 091 70 20 111 - www.gesap.it.*

Liaison avec le centre-ville
En **autobus**, le service de la compagnie Prestia e Comandè (*www.prestiaecomande.it*) relie l'aéroport au terminus de la gare centrale *(ttes les 30mn - 5h-0h15 - 6,30 €/11 € AR)*. Le trajet dure env. 40mn dans des conditions normales de circulation ; arrêts Via della Libertà, Politeama, Via Roma-Vucciria.
Le **train** relie l'aéroport (gare souterraine) à plusieurs gares de la ville en env. 1h. *Rens. sur www.trenitalia.com.*
La station des **taxis** se trouve devant la hall Arrivées. En cas d'absence, vous pouvez appeler ☎ 091 22 54 55 (Coop. Trinacria) ou 091 51 33 11 (Coop. Autoradio taxi). Le prix forfaitaire pour le centre ville (Via Vittorio Emanuele) est de 35/45 € selon la destination.
Un service de **taxi sharing** (taxi partagé) est aussi proposé par les compagnies Radio Taxi Trinacria et Cooperativa Autoradio *(8 €/pers. avec 4 passagers)*.

Les toits de la cathédrale.
O. Wintzen/robertharding/age fotostock

EN TRAIN

Les trains relient Palerme à Rome *via* Messine, Salerne et Naples. Comptez env. 12h pour le trajet Rome-Palerme. Le voyage comprend systématiquement la traversée du détroit de Messine : le train embarque sur le bateau à Villa San Giovanni et le prix du billet comprend la liaison maritime *(www.trenitalia.com)*. La Stazione Centrale se trouve sur la Piazza Giulio Cesare.

EN CAR

Il faudra vous rendre à Rome avec Eurolines *(www.eurolines.fr)* ou Flixbus *(www.flixbus.fr)*. De Roma Tiburtina, la compagnie Buscenter *(www.buscenter.it)* ou la SAIS *(www.saisautolinee.it)* vous emmènent à Palerme en 12h.

EN BATEAU

Aucune liaison directe depuis la France.
Grandi Navi Veloci – Liaisons entre Palerme et Naples (env. 10h de trajet), Civitavecchia (env. 12h) et Gênes (20-21h) - *☎ 010 20 94 591 - www.gnv.it.*
Grimaldi – Liaisons entre Palerme et Salerne (10h30) et Livourne (18h) - *☎ 081 49 64 44 - www.grimaldi-lines.com.*
Tirrenia – Relie Palerme à Naples (env. 10h30) - *☎ 091 61 16 5183 - www.tirrenia.it.*

Les immanquables

notre sélection des plus beaux sites

Cappella Palatina★★★
Plan C5 - p. 16

La Martorana★★★
Plan E5 - p. 28

Oratorio del Rosario di Santa Cita★★★
Plan E4 - p. 50

Galleria Regionale di Palazzo Abatellis★★
Plan F4 - p. 41

Teatro Massimo★★
Plan D4 - p. 57

Duomo di Monreale★★★
p. 73

Erice★★★
p. 90

Segesta★★★
p. 88

Tonnara di Scopello★★
p. 84

Cefalù★★
p. 79

Nos coups de cœur

Mordre dans une arancina et se laisser envahir par un délicieux mélange de saveurs. Cette croquette de riz, de la taille et de la couleur d'une orange, est farcie de viande et de petits pois ou de jambon et de fromage. C'est l'en-cas par excellence de la *street food* à Palerme. *Voir p. 98.*

Parcourir les salons de la fastueuse Villa Niscemi, demeure de la famille Valguarnera pendant trois cents ans et depuis 1987 siège de représentation de la mairie de Palerme. La villa est l'un des derniers témoins d'un art de vivre aristocratique et raffiné désormais révolu. *Voir p. 71.*

DC_Colombia/iStock

Le marché de Ballarò.

Faire son jogging le long de la plage de Mondello, en passant devant les villas Liberty qui la bordent. Puis se rafraîchir en plongeant dans la mer, face à la masse imposante du Monte Pellegrino. *Voir p. 73.*

Avoir la berlue en arrivant sur la Piazza Bellini. Avec le palmier et les trois coupoles roses en bonnet d'eunuque de San Cataldo, l'image semble tout droit sortie d'une oasis en plein désert. *Voir p. 28.*

S'immerger dans l'univers onirique de la Sala Basile à la Villa Igiea. Ses murs couverts d'iris et de narcisses, de roses et de coquelicots, et parcourus par une farandole de sylphides évanescentes, composent l'un des témoignages les plus extraordinaires du style Liberty à Palerme. *Voir p. 65.*

Faire du couscous à la CousCousFest. Tous les ans, San Vito Lo Capo accueille des dizaines de milliers de personnes de tout le pourtour méditerranéen venues célébrer la diversité de leurs cultures à travers les cent façons de préparer le couscous. *Voir p. 135.*

A. Saffo/Sime/Photononstop

Le port de Mondello.

Monter sur le toit de la cathédrale et voir s'étendre à perte de vue le merveilleux patchwork que dessinent les toits de tuiles et les coupoles vernissées de Palerme. *Voir p. 24.*

Oublier son plan et se perdre dans la Kalsa. Ici, le linge sèche aux fenêtres et les courses montent à l'étage dans un panier au bout d'une corde... C'est l'un des quartiers les plus attachants de la ville. *Voir p. 33.*

Avoir tous les sens en éveil et faire provision de couleurs, d'odeurs et de saveurs en se promenant dans un des marchés de Palerme, célèbres pour la profusion et la qualité de leurs produit. Une expérience sensorielle à ne pas manquer. *Voir p. 126.*

Explorer les qanat et sentir de près la fraîcheur des sources de Palerme. Ces galeries souterraines captaient l'eau pour alimenter la ville. La technique fut mise au point en Iran par les Perses sept cents ans avant notre ère. Mais ce sont les Normands qui semblent l'avoir importée en Sicile vers le 12e s. *Voir p. 56.*

Faire fuir les lézards à chaque pas en parcourant la Réserve naturelle du Zingaro. Sentir le parfum de réglisse du maquis au printemps et plonger dans l'eau turquoise des minuscules criques qui ponctuent la côte du plus beau parc naturel de Sicile. *Voir p. 86.*

Palerme en 3 jours

JOUR 1

▶ *Matin*

Commencez votre journée par une visite du **Palazzo dei Normanni★★★** et de la merveilleuse **chapelle Palatine★★★** *(p. 16)*. En sortant, faites un tour à **San Giovanni degli Eremiti★★** *(p. 22)*.

▶ *Midi*

Déjeunez au bistrot sicilien-ethnique **Moltivolti** *(p. 98)*.

▶ *Après-midi*

Visite de la **cathédrale★★** *(p. 23)* et montée sur le toit pour profiter de la belle vue sur Palerme. Ensuite, continuez jusqu'aux **Quattro Canti★★** *(p. 26)* et baladez-vous sur la **Piazza Pretoria★★** *(p. 27)* et la **Piazza Bellini★★** *(p. 28)*, où vous attendent deux joyaux : **San Cataldo★★** et la **Martorana★★★**.

▶ *Soir*

Dînez chez **Buatta** *(p. 99)* ou, en face, dans le très traditionnel **Casa del Brodo** *(p. 100)*.

CHROMORANGE/Manfred Zajac/Chromorange Photostock/age fotostock

Cathédrale de Palerme.

JOUR 2

▶ *Matin*

Matinée consacrée aux Serpotta : **Oratorio di Santa Cita★★★** *(p. 54)* et **Oratorio del Rosario★★★** *(p. 52)*, puis visite de l'église **San Domenico★** *(p. 48)*, toute proche, et flânerie dans le marché de la **Vucciria** *(p. 49)*.

▶ *Midi*

Déjeunez à la très typique **Antica Focacceria San Francesco** *(p. 99)*.

▶ *Après-midi*

Balade dans le quartier de la Kalsa : **Oratorio di San Lorenzo★★★** *(p. 38)*, **Via Alloro**, et visite de la **Galleria Regionale della Sicilia★★** au Palazzo Abatellis *(p. 43)*. En fin d'après-midi, allez faire un tour **Piazza Marina**, le **musée des Marionnettes Antonio Pasqualino★** *(p. 41)* se trouve tout à côté.

▶ *Soir*

Dînez à l'**Osteria Ballarò**, dans les anciennes écuries du Palazzo Cattolica *(p. 100)*.

A. Saffo/Sime/Photononstop

Les trois coupoles rouges de San Cataldo.

JOUR 3

▶ ***Matin***
Visite du **Museo Archeologico Antonio Salinas★★** *(p. 56)*. Ensuite, une balade dans la très commerçante Via Maqueda vous mènera au **Teatro Massimo★★** *(p. 59)*.

▶ ***Midi***
Déjeunez dans la sympathique **FUD Bottega Sicula** *(p. 101)*.

▶ ***Après-midi***
Visite du **Duomo di Monreale★★★** *(p. 75)* et balade dans les ruelles qui l'entourent.

▶ ***Soir***
Pour votre dernière soirée, faites une folie en dînant au **MEC Restaurant** *(p. 98)*, une adresse qui permet de se régaler tout en goûtant au charme d'un palais du 16e s. revu au goût du 21e s., tout cela à deux pas du palais des Normands *(p. 14)* dont vous pourrez aller admirer l'éclairage nocturne après vos agapes.

Aux alentours

S'il vous reste un jour, vous pouvez visiter le site archéologique de Segesta★★★ (p. 90), déjeuner à Castellammare del Golfo (p. 104) ou San Vito Lo Capo (p. 105) et attendre le coucher du soleil à Erice★★★ (p. 92). À la belle saison, prévoyez une journée supplémentaire pour profiter de la beauté du golfe de Castellammare★★★ (p. 85).

Visiter Palerme

Piazza San Domenico.
P. Eastland/age fotostock

Palerme aujourd'hui

Dès l'arrivée, un tourbillon de sensations submerge le visiteur : souffle coupé devant la beauté de son site, montée d'adrénaline au moment de s'engager dans la *circonvallazione* au volant d'une voiture, vertige face à la richesse ahurissante de son patrimoine, et pincement au cœur en voyant l'état d'abandon dans lequel la cité semble enlisée.

Peu de villes au monde renferment une telle richesse artistique. Depuis presque trois mille ans, Palerme est passée d'un maître à l'autre à une fréquence étonnante. Grecs, Byzantins, Arabes, Normands, Espagnols… tous ont laissé des traces de leur passage. Et quelles traces ! Ici, les *putti* potelés des églises baroques font des pieds de nez aux saints figés dans l'or des mosaïques byzantines, tandis que les dieux de marbre se prélassent nonchalamment à deux pas des coupoles en bonnets d'eunuque des églises arabo-normandes.

Le sac de Palerme

Ce formidable patrimoine historique et artistique a plus souffert entre les années 1943 et 1985 que pendant les trois mille ans qui les ont précédées. Les bombardements massifs des

Starcevic/iStock

Via Vittorio Emanuele.

Alliés de 1943 ont complètement détruit le port et les quartiers alentour. Dans les années 1950 et 1960 la politique économique et sociale de la ville est étouffée par la Mafia et la spéculation immobilière, ce que l'on a appelé le « sac de Palerme ». L'exemple le plus frappant en est la destruction de ce qui était la célèbre Conca d'Oro, les magnifiques champs d'agrumes qui entouraient la ville et qui ont été livrés à une urbanisation sauvage. À l'intérieur de la ville, la situation était similaire : des dizaines de palais baroques détruits pour construire à la hâte des immeubles dans le plus pur style des années 1960, des infrastructures absentes, un patrimoine artistique et historique laissé à l'abandon.

Le printemps de Palerme

À partir de 1985, Palerme a vécu des années de renouveau sous l'impulsion de son maire antimafia **Leoluca Orlando**. De toutes parts, on a vu surgir des initiatives politiques, sociales et culturelles destinées à assainir la ville du point de vue politique mais aussi urbanistique : assainissement des quartiers dégradés, nettoyage des rues et des jardins, restauration des monuments les plus emblématiques de la ville, mise en place d'une véritable politique urbanistique. Trente ans plus tard, ce mouvement se poursuit. La plupart des rues du centre de la ville sont propres, des quartiers entiers ont été requalifiés et de nombreux échafaudages témoignent de la volonté de la ville de continuer cette entreprise de récupération de son patrimoine architectural. C'est un travail titanesque, mais il ne faiblit pas, porté par la volonté politique de Leoluca Orlando, un maire déterminé et populaire (il en est à son cinquième mandat à la tête de la ville).

Une capitale des cultures

Aujourd'hui, avec 1 300 000 habitants, l'agglomération de Palerme réunit le quart de la population de la Sicile. Son économie, basée presque exclusivement sur le secteur tertiaire, a beaucoup orienté ses efforts vers le développement du tourisme. C'est dans ce domaine que les résultats sont les plus visibles. Après l'inscription de la Palerme arabo-normande et des cathédrales de Cefalù et Monreale au **Patrimoine mondial de l'Unesco** en 2015 *(unescosicilia.it)*, la ville a été déclarée **Capitale de la culture italienne** 2018. Capitale de la culture, mais surtout capitale des cultures – romaine, normande, arabe, byzantine, espagnole – « la Fleur » comme l'appelaient les Phéniciens, est en marche, portée par l'enthousiasme d'une population joyeuse, qui cache sous un détachement feint une réelle tendresse pour sa ville.

Le quartier monumental★★★

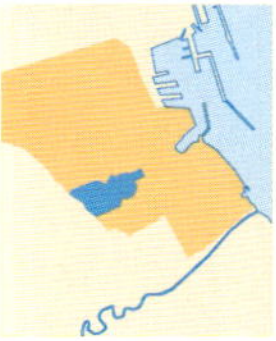

Cœur de la Palerme arabo-normande, inscrite au patrimoine mondial de l'Unesco en 2015, la partie occidentale de Palerme coïncide avec le noyau le plus ancien de la ville ; ici, aux Phéniciens succédèrent les Romains, les Arabes et les Normands, qui y concentrèrent les édifices les plus représentatifs du pouvoir civil et religieux.

▶**Accès :** Les monuments décrits dans ce chapitre se trouvent le long de la Via Vittorio Emanuele (piétonne), sur environ 1 km de longueur. La navette gratuite *Arancione - Centro Storico* dessert Piazza Indipendenza, Via Vittorio Emanuele, Foro Italico, Piazza Magione, Via Roma, Via Maqueda.

Plan de quartier p. 18-19. Plan détachable CE4-6.

▶**Conseil :** La plupart des bâtiments religieux font partie du circuit « Le Vie del Sacro ». Pensez à conserver vos tickets d'entrée pour bénéficier de réductions sur les autres visites et renseignez-vous sur les différents billets combinés.

VILLA BONANNO

Ce joli jardin occupe une bonne partie de la **Piazza della Vittoria**. Des fouilles ont mis au jour les vestiges de riches habitations romaines, parmi lesquels furent trouvées les mosaïques des Saisons et celles d'Orphée, conservées au Musée archéologique régional (*☞ p. 56*).

PORTA NUOVA

Élevée en 1565 en hommage à Charles Quint, mais reconstruite un siècle plus tard, elle doit son charme à sa gracieuse loggia Renaissance, coiffée d'un toit en pente que surmonte l'aigle impériale. Notez sur la façade ouest l'expression un peu abattue des quatre télamons, ou atlantes, qui représentent les Turcs vaincus par Charles V.

PALAZZO DEI NORMANNI ET CAPPELLA PALATINA★★★

Piazza del Parlamento - ✆ 091 70 55 611 - www.federicosecondo.org - 8h15-17h (dim. 12h45) - Cappella Palatina : 9h-17h, dim. 8h30-9h30, 11h20-12h30 - appartement royaux fermé mar.-jeu. à cause des réunions parlementaires - 12 € (vend.-lun.), 10 € (mar.-jeu.) - audioguide 1,50 € ; vidéoguide 5 €. Si vous le pouvez, emportez des jumelles.

Le palais des Normands occupe exactement le centre du premier site urbain. Une forteresse se dressait déjà ici au 7ᵉ s. av. J.-C., quand Palerme était une colonie phénicienne, mais

La chapelle Palatine, chef-d'œuvre de l'art arabo-normand.
F. Guiziou/hemis.fr

IACOB
IOANNES
ANNO
SICILIÆ REX

les premières fondations du palais datent du 9e s., sous la domination des Arabes. L'emplacement était idéal : un peu en hauteur et relié directement à la mer par la voie toute droite tracée par les Phéniciens 1500 ans auparavant, aujourd'hui la Via Vittorio Emanuele. Mais dès 938, l'émir abandonna son château pour s'installer à la Kalsa, plus proche de la mer. L'édifice redevint résidence royale deux cents ans plus tard, sous les Normands, qui s'employèrent à l'embellir et à l'agrandir. Il ne reste de l'époque normande que la partie abritant la chapelle Palatine, la tour Joaria et la tour Pisana,transformée en observatoire en 1791 et dotée alors de son dôme. Après une longue période d'abandon et de délabrement, le palais fut restauré au 16e s., sous les vice-rois espagnols, qui l'ont doté de son imposante façade sud et de sa cour intérieure entourée de trois étages de galeries. Au 19e s. les Bourbons restaurèrent le palais, qui devint ensuite le siège de l'**Assemblea Regionale Siciliana (ARS)**, le parlement sicilien.

Cappella Palatina★★★

1er étage. « Le plus surprenant bijou religieux rêvé par la pensée humaine », comme l'a décrit Maupassant, fut édifié par Roger II entre 1130, date de son couronnement, et 1143. Exemple de syncrétisme culturel où se fondent les éléments byzantins, islamiques et romans, la chapelle est le symbole le plus éclatant de l'étendue du pouvoir politique normand. Progressivement intégrée aux bâtiments qui la cachent aujourd'hui, elle est décorée, sur son côté extérieur encore visible, au niveau supérieur, de quatre mosaïques du 19e s., lesquelles illustrent des épisodes de la vie de David.
Avant de rejoindre la chapelle, remarquez sur le mur de gauche l'inscription en latin, grec et arabe, datant de 1142, qui témoigne du syncrétisme culturel de la Palerme normande.
À gauche de l'entrée, au fond, on aperçoit Roger II remettant au chantre le parchemin instituant le corps ecclésiastique royal.
La chapelle rectangulaire se compose d'un chœur surélevé et entouré d'une balustrade en marbre et de trois nefs délimitées par des colonnes de granit. Sur la droite se dressent une double **chaire** reposant sur quatre belles colonnes et deux piliers à pupitres ornés d'un aigle et d'un lion.
À côté, le **candélabre pascal** (12e s.) est finement sculpté et richement décoré : remarquez son piédestal carré, formé de quatre lions prêts à dévorer deux personnages et deux animaux, et l'entrelacs des plantes où un homme semble tenter de se défendre ; au-dessus, dans une mandorle portée par des anges, le Christ tient l'Évangile ; le personnage en habit d'évêque, en bas à gauche, est peut-être Roger II ; deux rangées d'oiseaux (des vautours saisissant des cigognes par la queue) soulignent le dernier niveau (qui représente les trois périodes de la vie), dont la souplesse des corps laisse penser qu'il s'agit d'une œuvre plus récente, ajoutée lors du déplacement et du rehaussement du candélabre.

Adossé au mur du fond, le majestueux **trône royal**, protégé par le Christ entouré des archanges Michel et Gabriel et des saints Pierre et Paul, s'harmonise à la perfection avec le registre inférieur. En porphyre et mosaïque, il est armorié du blason de la famille d'Aragon. On pense que l'hexagone de porphyre contenait un portrait du roi.

Les dessins géométriques donnent au **pavement** de marbre et mosaïque une séduisante allure orientale.

Il faut aussi noter l'extraordinaire **plafond en bois à muqarnas★★★** de la nef centrale, chef-d'œuvre d'artistes nord-africains qui comporte diverses représentations (malheureusement impossibles à voir à l'œil nu) liées à la vie quotidienne : scènes de cour, de chasse, buveurs, danseurs, joueurs d'échecs, animaux… Un répertoire exceptionnel qui constitue le témoignage le plus complet de peinture islamique médiévale qui soit parvenu jusqu'à nous.

Les mosaïques – Réalisées entre 1140 et 1170, ces mosaïques de facture exquise retracent des épisodes de l'Ancien Testament *(nef centrale)*, certaines scènes de la vie du Christ *(chœur)* et des saints Pierre et Paul *(nefs latérales)*. Tout autour figurent les prophètes, des anges et des saints, en pied ou dans les médaillons. Par leur caractère didactique, l'intense expressivité des personnages et la richesse des détails, les scènes de la **nef centrale** constituent un véritable livre d'images qu'il est passionnant de détailler. Remarquez le tableau illustrant la séparation de la terre et de la mer : le globe terrestre est une sphère d'eau portant trois bandes de terre (Amérique et Océanie étaient encore inconnues) qui forment un Y, symbole de la Trinité. Autour, le firmament n'est pas encore éclairé d'étoiles. La création d'Adam est intéressante aussi. La grande ressemblance de l'homme avec Dieu est soulignée par la phrase latine *Creavit Deus hominem at imaginem sua*. Dans la scène du péché originel, on notera une particularité : Adam et Ève ont déjà mangé le fruit défendu et s'apprêtent à en cueillir un second. À partir de la scène du sacrifice de Caïn et d'Abel (épisode du mensonge à Dieu) jusqu'au tableau de la famille de Noé, les mosaïques ont été refaites au 19e s. La différence des styles permet facilement de les reconnaître. Les scènes représentées dans le chœur, s'adressant au clergé, n'avaient pas de fonction éducative mais servaient à nourrir sa méditation. Sans suivre donc un ordre chronologique, ces épisodes marquants de la vie de Jésus ont pour but de souligner son enseignement.

La **coupole** qui surmonte le chœur est décorée par un Christ Pantocrator entouré de quatre anges et quatre archanges, identifiables au globe surmonté d'une croix. Le tambour montre des personnages bibliques, avec, aux angles, les quatre évangélistes. L'Annonciation sur l'arc encadre le Christ bénissant de l'abside *(dans le cul-de-four)* et une Vierge en majesté. Au-dessous de l'arc, dans le médaillon au centre, on reconnaît le trône du Jugement dernier et la Croix, avec la couronne d'épines et la colombe, symboles de la rédemption.

LE QUARTIER MONUMENTAL ET L'ALBERGHERIA

Quattro Canti
Palazzo Riso-Museo d'Arte Contemporanea della Sicilia
San Giuseppe dei Teatini
Piazza Pretoria
Palazzo Pretorio
Santa Caterina
Piazza Bellini
Real Teatro Bellini
Galleria d'Arte Moderna
Sant'Anna
Piazza Sant'Anna
Collegio Massimo dei Gesuiti
Piazza Bologni
Palazzo Alliata di Villafranca
San Cataldo
LA MARTORANA
Chiesa del Santissimo Salvatore
Sant'Orsola
Complesso di Casa Professa
Palazzo Comitini
Palazzo Celestri di Santa Croce
Tour San Nicolò di Bari
Mercato di Ballarò
Piazza del Carmine
Chiesa del Carmine
Piazzetta Colaianni
V. del Celso
Vicolo Mori
Vicolo Ragusi
Vicolo Marotta
degli Schioppettieri
V. Genova
V. Malta
V. Firenze
Discesa dei Giudici
Via Roma
Emanuele
Vicolo Castelnuovo
dell'Università
Calderai
Vicolo Meschita
Via Maqueda
V. del Ponticello
Vicolo Viola
V. del Protonotaro
Vicolo Sta Chiara
V. Giuseppe Mario Puglia
V. Formaggi
V. Giardinaccio
V. Lampionelli
Vicolo Corpora
V. Bologna
Vicolo Guascone
Vicolo Sant'Orsola
V. Divisi
V. Pola
V. Parrocchia dei Tartari
Vicolo Capraio
V. Fiume
V. Guido Delle Colonne
V. Saladino
dei Biscottari
V. Benfratelli
V. Casa Professa
V. Nunzio Nasi
Via Ballarò
Vicolo Tardia
V. Fratelli Lagumina
V. Gian Luca Barbieri
Sal. del Banditore
Mongitore
V. Albergheria
Vicolo Chiarandà
Vicolo Vannucci
Vicolo S. Giliberto
V. delle Case Nuove
V. Santo Giosafat
Pergole
Vicolo delle Pergole
Vicolo Sta Rosalia
Vicolo Gaffi
Carmine
V. Trieste
Battisti
V. Giovanni Verga
Vicolo Camiolo
V. Nino Martoglio
delle
al
Villanueva
V. Michele Del Giudice
Vicolo del Martello
Chiappara
Cesare
V. Dalmazio Birago
Trappetazzo
Rosselli
Majali
Cso. Tukory
V. Ritiro S. Pietro
V. Corrado Avolio
Giuliano
V. Andrea Vesalio
V. Tommaso De Vigilia
Carlo Forlanini
Cso. Tukory
V. Giorgio Arcoleo
V. Pietro D'Aragona
V. Marino Salvatore Salomone
V. del Vespro
Carlo Pisacane
V. Antonio Marinuzzi
V. Filippo Corazza
V. Paolo Emiliani Giudici
V. Francesco Paolo Perez
V. Vito D'Ondes Reggio
P

SE RESTAURER		SHOPPING		SE LOGER	
Al Vicolo	17	Franco Bertolino	5	B&B Abbanniata	8
Bisso Bistrot	41	La Bottega d'Arte di Angela Tripi	4	Il Giardino di Ballarò	5
Il Panellaro di Ballarò	40	Mercato delle Pulci	18	Palazzo Brunaccini	7
La Galleria	42	Mercato di Ballarò	8	Palazzo Natoli	3
MEC Restaurant	43	**SORTIR**		Quintocanto Hotel and Spa	2
Moltivolti	16	Lounge Bar Hotel Ambasciatori	14		
Osteria Ballarò	14				
PRENDRE UN VERRE					
Ideal Caffè Stagnitta	8				
Pasticceria Cappello	6				
Pasticceria Costa	9				
Vincenzo Argento e Figli	10				

Le **transept de droite** est dominé par l'image de saint Paul et des scènes de la vie du Christ. Sur la voûte en berceau, dans un médaillon, l'esprit de la Pentecôte descend sur les apôtres sous forme de colombe. Admirez en particulier la scène de la Nativité avec l'arrivée des Rois mages (que l'on reconnaît à leurs couvre-chefs, des bonnets phrygiens dont la pointe est repliée de telle sorte qu'ils ressemblent à des cubes). Un détail amusant : la chaise typiquement sicilienne de Joseph, à gauche de la Vierge. La « lunette » bleue sous la scène représente la toilette de l'Enfant Jésus.

Le **transept de gauche** est dominé par l'image de saint André, surmonté d'une Vierge à l'Enfant, dite *Odigitria* (celle qui indique la juste voie, c'est-à-dire la voie de la rédemption). Sur le côté, saint Jean-Baptiste prêche dans le désert. Une partie des mosaïques de l'abside a subi de lourds remaniements au 18e s.

Dans les **collatéraux**, des scènes de la vie de saint Paul *(à partir du début de la nef latérale de droite)* et saint Pierre *(à partir du dernier tableau de la nef de droite et le long de la nef latérale de gauche)*.

Antichi Appartamenti Reali★

2e étage. Fermés lors des sessions parlementaires (mar.-jeu.) et autres événements officiels. Les anciens appartements royaux comprennent le **salon d'Hercule**, depuis 1947 salle de réunion du parlement sicilien, qui doit son nom aux grandes fresques de Giuseppe Velasquez (19e s.) représentant les douze travaux du héros. La grande fresque du plafond illustre la naissance, la gloire et la mort du héros. Le **Corridoio Mattarella** est dédié au président de la région sicilienne tué par la Mafia en 1980, frère de l'actuel président de la République italienne.

Après la salle des Vice-Rois, on pénètre dans la **salle des Vents**, au style résolument différent, pièce centrale de la tour **Joaria**, désormais intégrée au reste du bâtiment. La jolie rose des vents qui décore le

Le quartier Danisinni

Entre le Palazzo dei Normanni et la Zisa, la Via Danisinni suit la dépression creusée par l'ancien fleuve Papireto, asséché au 16e s. Elle mène à l'un des quartiers les plus oubliés de Palerme, un ensemble de constructions et de grottes où les lavandières venaient laver le linge des grandes familles seigneuriales. Depuis 2015 le quartier est en train de renaître. Avec son immense potager (orto-fattoria) qui couvre presque entièrement la Piazza Danisinni, ses murs couverts d'œuvres de street-art, sa drôle de petite église Sant'Agnese (Piazza Danisinni), qui a l'air de vous regarder de son œil unique, et son grand « chapitô » blanc qui accueille expositions culturelles et activités liées au cirque, Danisinni est l'un des exemples les plus réussis de requalification urbaine à Palerme. www.danisinni.it - plan détachable B5.

plafond en bois date du 18e s. D'ici, on accède à la magnifique **salle de Roger★★**, la plus intéressante du palais, qui rappelle par sa décoration la chapelle Palatine. Un haut soubassement constitué de plaques de marbre encadrées de mosaïques sert de prélude au manteau d'or de la partie supérieure et du plafond. Les scènes de chasse alternent avec des représentations d'animaux, choisis pour leur valeur symbolique – le paon (symbole d'éternité) et le lion (force et royauté). Les figures, placées dans un paysage caractéristique de palmiers et d'agrumes, sont d'une finesse remarquable. L'ensemble pourrait être une référence à la représentation symbolique du *Genoard*, le jardin-paradis de la tradition islamique.
Au milieu du plafond, un médaillon renferme l'emblème impérial, un aigle tenant un lièvre dans ses serres.
Parmi les autres salles, datant des 18e-19e s., on remarquera la Salle jaune, ou salle des Miroirs, où l'on peut admirer de beaux candélabres dorés, et la **salle chinoise**, qui rend hommage à la mode orientale des 18e et 19e s.

Sala del Duca di Montalto et mura puniche

Rez-de-chaussée. Cet ancien dépôt de munitions, utilisé pour présenter des expositions temporaires, abrite des fresques réalisées par les meilleurs artistes palermitains du 17e s., à commencer par Pietro Novelli. Au dessous de cette salle s'étendent les **anciens murs d'enceinte**, où l'on distingue trois phases de construction : punique (5e s. av. J.-C.), hellénistique (4e-3e s. av. J.-C.), normande (12e s.).

PALAZZO ET PARCO D'ORLÉANS

Piazza Indipendenza. Parc : 9h-13h, 15h-18h, w.-end 9h-13h - gratuit.
Louis-Philippe d'Orléans, futur « roi des Français », résida de 1810 à 1814 dans ce vaste palais, devenu hôtel de la région sicilienne. Le jardin attenant renferme de magnifiques spécimens de *Ficus magnolioides*, aux surprenantes racines aériennes.

ORATORIO DI SAN MERCURIO

Largo San Giovanni degli Eremiti - 10h-18h - 3 € billet combiné avec l'Oratorio di San Lorenzo.
Giacomo Serpotta (1656-1732) signe une œuvre de jeunesse avec cet oratoire (1678), petit et intime, dont on admire le beau pavement en carreaux de majolique.

SAN GIOVANNI DEGLI EREMITI★★

Via dei Benedettini 20 - ✆ 091 65 15 019 - 9h-19h, dim. 9h-13h30 - 6 €.
C'est un havre de paix, une parenthèse de fraîcheur à deux pas du palais des Normands... Palmiers, agaves, bougainvillées, figuiers de Barbarie forment un cadre luxuriant pour l'une des églises les plus célèbres de Palerme. Roger II fit édifier l'abbaye de San Giovanni en 1132 à l'emplacement d'une mosquée pour accueillir les ermites bénédictins. Ses formes simples et cubiques et la teinte rosée de ses cinq coupoles, qui rappellent celles de l'église San Cataldo *(p. 30)*, dénotent le savoir-faire arabe à l'origine du style arabo-normand. Sobriété et dépouillement règnent à l'intérieur. La nef de l'église, au plan en croix latine, est coiffée de deux coupoles, tandis que le transept, surmonté pour sa part de trois coupoles, se prolonge par un campanile au-dessus de son bras droit. De l'ancienne abbaye subsistent également le petit **cloître**★ à colonnettes géminées (14e s.) et l'ancienne salle capitulaire, où l'on voit encore une fresque incomplète et de datation incertaine montrant la Vierge entourée de saint Jean et de saint Jacques.
L'**ascension** au clocher de la toute proche **San Giuseppe Cafasso** délivre une belle vue d'ensemble sur l'église San Giovanni degli Eremiti et son cloître. *Via dei Benedettini 16 - 9h-19h - 2 €.*

VIA VITTORIO EMANUELE

Artère principale de la ville, ponctuée de magasins de souvenirs et de snack-bars, l'ancien **Cassaro** (de l'arabe *al-qasr,* « le château ») reliait le palais de l'émir (à l'emplacement de l'actuel palais royal) à la mer. La rue est bornée à son autre extrémité par la Porta Felice.

PALAZZO ASMUNDO

Via Pietro Novelli 3 - ✆ 335 66 87 798 - www.palazzoasmundo.com - 6 € - visites guidées sur RV.
Ce palais du 18e s., élégamment décoré, abrite une richissime collection de **carreaux émaillés**, en grès et en faïence. De dimensions variables, d'époques et de styles différents, certains présentent des couleurs et un dessin raffiné, d'autres une saveur franchement populaire.
À l'angle de la Villa Bonanno (*Piazza San Giovanni Decollato*), le **Palazzo Sclafani** (1330) possède une belle façade de style arabo-normand : fenêtres géminées ogivales surmontées d'un entrelacs d'arcs et un portail dominé par l'aigle royal. La fresque *Le Triomphe de la mort*, conservée à la Galerie régionale de

IrinaSen/iStock

Les toits de la cathédrale.

Sicile (p. 43), provient de ce palais. *Revenez Via Vittorio Emanuele.*

CATTEDRALE★★

Via Vittorio Emanuele - 091 33 43 75 - www.cattedrale.palermo.it - 7h-19h, dim. 9h-13h, 16h-18h - tombes royales, trésor, crypte et toits 9h-13h30 (13h dim.) - trésor et crypte fermés dim. - accès gratuit à la cathédrale, 8 € pour l'ensemble du site - 5 € seul. les toits.

Dès le 6e s., les Byzantins avaient érigé à cet emplacement une basilique dont ne subsiste que la crypte. Trois cents ans plus tard, les Arabes y ont construit la plus importante mosquée de Sicile, qui pouvait accueillir jusqu'à 7 000 fidèles. Encore trois cents ans et c'est au tour des Normands d'y édifier une cathédrale, cette fois en récupérant plusieurs éléments de la mosquée : voyez notamment la colonne de l'entrée sur laquelle l'on peut encore lire un verset du Coran. Au fil des siècles, les remaniements ont continué à se succéder pour aboutir à un édifice au style composite mais plutôt majestueux. Le **portique sud**★★ (*sur la Piazza della Cattedrale*), du 15e s., est de style gothico-catalan ; remarquez le magnifique vantail en bois sculpté du portail d'entrée, entouré des symboles des quatre évangélistes. La coupole néoclassique a été ajoutée au 18e s. lors de la réfection complète de l'intérieur. Le **chevet**★★ en revanche a conservé son style arabo-normand d'origine

(12e s.), avec ses motifs géométriques aux incrustations de lave. Il donne à l'est sur la **Piazza Sett'Angeli,** où des fouilles ont mis au jour les vestiges d'une maison romaine des 1er-2e s. apr. J.-C.

Intérieur

Le mélange des styles, à dominante néoclassique, a été moins heureux à l'intérieur, mais les deux **bénitiers★** en marbre réalisés en 1470 et 1553 par Domenico Gagini et ses élèves sont dignes d'attention.

Tombes royales★ – *Accès au début de la nef droite.* Les dépouilles des rois souabes – **Frédéric II** Hohenstaufen (1194-1250), son épouse Constance d'Aragon (1184-1222) et Henri VI (1165-1197) –, ainsi que celles de Roger II (1095-1154) et de sa fille Constance de Hauteville (1154-1198, *légèrement en retrait)* reposent dans d'imposants sarcophages en porphyre, situés dans la première chapelle de droite. Vous verrez probablement des fleurs au pied du tombeau de Frédéric II : elles sont déposées par des touristes allemands. Huit cents ans après, l'empereur est encore le *Stupor mundi* (« Stupeur du monde », un de ses surnoms).

Toits★ – *Accès à côté des tombes royales. 110 marches en colimaçon, déconseillé aux personnes sujettes au vertige - fermé en cas de mauvais temps.* La promenade sur les *tetti* permet de mesurer la complexité et l'hétérogénéité de l'édifice, tout en profitant de **points de vue★** inédits sur le cœur historique de Palerme.

Trésor et crypte – *Entrée à droite du transept.* La salle du trésor conserve la **précieuse couronne★** de la reine Constance d'Aragon (env. 1220), une merveille de raffinement et d'élégance inspirée des couronnes impériales byzantines. On peut également voir un bâton capitulaire en ivoire incisé du 17e s., de fabrication sicilienne, ainsi que la belle *Madonna della Scala* d'Antonello Gagini (1503).
La crypte compte de nombreuses tombes d'époques différentes, surtout d'évêques, et en particulier un sarcophage romain classique où apparaissent les neuf Muses, Apollon et un homme revêtu d'une toge.

MUSEO DIOCESANO★

Via Matteo Bonello 2 - ✆ 091 60 77 303 - www.museodiocesanopa.it - 9h30-13h30 (en été sam. 10h-18h) - fermé lun. - 4,50 €.
L'ancien palais de l'archevêché abrite des œuvres provenant de la cathédrale, dont une **Madone orante★** en mosaïque du 12e s. et des fragments de l'élégante **tribune★** en marbre qui ornait l'intérieur de l'édifice à la Renaissance, œuvre d'Antonello et Giacomo Gagini. À l'étage, la **Sala Rossa** et la **Sala Verde** conservent de remarquables sols en majolique.

CAPPELLA DELL'INCORONATA

Via Incoronazione 11 - 9h-13h - fermé w.-end.
Face au flanc gauche de la cathédrale, cette chapelle, édifiée au 12e s. par Roger II, englobe les restes d'une mosquée du 9e s. Elle est utilisée comme salle d'exposition du Museo d'Arte contemporanea della Sicilia *(voir ci-après)*. À gauche

de la chapelle se dresse la **Loggia dell'Incoronazione**, qui date de la fin du 16e s., où les rois étaient présentés au peuple au moment de leur couronnement.
Au n° 10 de la rue, l'église **Santa Maria di Monte Oliveto** (dite aussi **Badia Nuova**, 1623) présente une élégante architecture ainsi qu'un intérieur richement décoré. *Sam. 15h-18h, dim. 10h30-12h30 et 15h-17h30.*
Revenez Via Vittorio Emanuele.
Remarquez au n° 452 le **Palazzo Castrone Santa Ninfa**, édifié à la Renaissance, qui possède une belle cour ornée d'une fontaine.
Sur l'autre trottoir *(n° 429)*, jetez un coup d'œil à la belle cour du **Collegio Massimo dei Gesuiti**, fondé au 16e s., qui accueille aujourd'hui la Bibliothèque régionale.

CHIESA DEL SANTISSIMO SALVATORE★

Via Vittorio Emanuele 395 - 10h-18h - 2,50 € - montée à la coupole merc.-dim. 10h-17h.
Cette église à plan ovale, dessinée à la fin du 17e s. par **Paolo Amato**, présente une magnifique décoration baroque tout en stuc et marbre polychrome. Sur la coupole, on peut encore apercevoir les fragments de la grande fresque représentant *La Gloire de saint Basile* (1763).
La **montée à la coupole** offre une belle **vue** sur les toits de la ville.

PIAZZA BOLOGNI

Cette petite place un peu décrépite, au centre de laquelle veille la statue équestre de Charles Quint, est délimitée par des palais du 18e s.
On remarquera au n° 20 la façade du **Palazzo Alliata di Villafranca★**, ornée de deux éclatants blasons.
Le bâtiment au somptueux décor intérieur conserve une belle collection de meubles, objets d'art et tableaux (entre autres, Matthias Stomer et Van Dyck) qui recréent l'atmosphère d'une demeure nobiliaire du 18e s.
Piazza Bologni 20 - ☎ 324 07 15 043 - vend.-lun. 10h30-17h (seult w.-end en hiver) - 10 €.

PALAZZO RISO - MUSEO D'ARTE CONTEMPORANEA DELLA SICILIA

Via Vittorio Emanuele 365 - ☎ 091 58 77 17 - www.museoartecontemporanea.it - 9h-20h, dim. 9h-13h - fermé lun. - 6 € hors expositions temporaires.
Installée à l'étage du Palazzo Riso (1784), la collection comprend un petit nombre d'œuvres d'artistes siciliens utilisant différents médias et appartenant à des courants esthétiques très différents, des années 1950 à aujourd'hui. À cet ensemble s'ajoute le témoignage d'artistes étrangers venus en Sicile à la faveur d'un projet, notamment une salle consacrée à Boltanski.
Guettez la programmation du très branché **Caffè Riso**, au rez-de-chaussée du musée, où sont donnés des concerts de jazz ou de musiques actuelles, précédés d'un apéritif *(jeu.-vend.)* ou d'un dîner *(sam.)*.

I Quattro Canti et l'Albergheria★★★

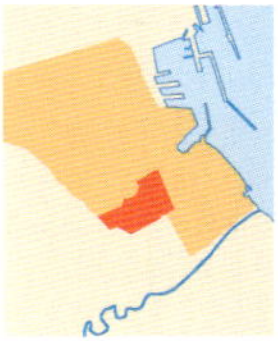

En se croisant, la Via Vittorio Emanuele et la Via Maqueda découpent le centre historique en quatre quartiers, les mandamenti. Le « mandamento Albergheria », au sud-ouest, tient son nom de la très animée VIa Albergheria. Sa partie occidentale, riche de palais des potentats, s'oppose au côté est, caractérisé par un tissu urbain irrégulier à forte densité de population, où se côtoient le quartier musulman et le quartier juif. Aujourd'hui encore, l'Albergheria exprime sa forte vocation multi-ethnique sur le marché populaire de Ballarò.

▶**Accès :** l'itinéraire, à parcourir exclusivement à pied, se déroule dans le quartier sud-ouest du centre ville, à partir de la place Quattro Canti.

Plan de quartier p. 18-19. Plan détachable E5.

▶**Conseil :** l'association TerradaMare propose des itinéraires originaux dans le quartier *(www.terradamare.org)*.

I QUATTRO CANTI (PIAZZA VIGLIENA)★★

Ces « quatre coins », formés par l'intersection des deux artères principales de Palerme, la Via Vittorio Emanuele et la **Via Maqueda**, désignent une place très caractéristique où les façades concaves de quatre palais du 17e s. composent le cœur de la Palerme baroque. Chacune s'ordonne au sein de trois ordres architecturaux : au niveau inférieur, une fontaine allégorique s'inscrit entre des colonnes doriques ; dans les niches de l'ordre intermédiaire, on reconnaît les vice-rois espagnols encadrés par des colonnes ioniques ; au niveau supérieur, entre des pilastres aux chapiteaux corinthiens, siègent les quatre saintes de Palerme : Christine, Nymphe, Olive et Agathe. Chaque « canto » commande un des quatre quartiers de la vieille ville : Kalsa, Albergheria, Capo et Loggia.

SAN GIUSEPPE DEI TEATINI

Via Vittorio Emanuele - 7h-13h, 16h-20h, dim. 7h-12h, 17h-20h. L'imposante église baroque fut construite vers 1645. De la Piazza Pretoria (*p. 27*), où s'élève le flanc gauche, on remarque son imposante **coupole** décorée de majoliques jaunes et vertes et son campanile à huit pans ornés de colonnes torses et de vases en forme de flammes.

L'**intérieur**★ en croix latine, théâtral et majestueux, est baigné d'une lumière chaleureuse, qui accentue l'opulence

L'église Martorana et, à droite, San Cataldo.

des fresques et des stucs. Appréciez tant la belle simplicité de la *Vierge à l'Enfant,* de Domenico Gagini, que la somptuosité de la *Vierge de Trapani* de son fils Antonello. La coupole et la voûte de la nef sont ornées de fresques réalisées au cours du 18e s. par Guglielmo Borremans et Giuseppe Velasquez. Sur l'envers de la façade, admirez les deux orgues disposées en oblique et, à l'entrée de la nef, d'intéressants **bénitiers**★ du 18e s. soutenus par des anges en vol.

PIAZZA PRETORIA★★

Une **fontaine**★★ spectaculaire, œuvre du sculpteur florentin Francesco Camilliani (1555), occupe presque tout l'espace de la place. Destinée à l'origine à orner une villa toscane, elle est un bel exemple de la Renaissance, avec son défilé de divinités placées en cercles concentriques, dans un magnifique équilibre organisé par les gradins, les balustrades et les jeux d'eau. Ces nus choquèrent tant les religieuses du couvent voisin qu'elles n'hésitèrent pas, en signe de désapprobation, à casser le nez de toutes les statues de ce qu'elles ont appelé la « *Fontana della Vergogna* » (fontaine de la honte). Devant chacune des quatre parties de la vasque principale, un petit bassin est placé sous la protection d'allégories représentant les quatre fleuves palermitains : Gabriele, Maredolce,

Papireto et Oreto. Parmi les statues placées le long des rampes, on peut reconnaître, à ses épis de blé et à sa corne d'abondance, la déesse Déméter (Cérès), protectrice de la Sicile. La balustrade en fer forgé est de Giovanni Battista Basile.
À l'arrière-plan se profile la coupole de l'église Santa Caterina (*ci-après*), qui semble couronner les édifices de la place : au sud le Palazzo Pretorio, siège de la municipalité, et l'église San Giuseppe dei Teatini (*p. 26*) de l'autre côté de la rue.

PALAZZO PRETORIO (PALAZZO DELLE AQUILE)

Piazza Pretoria 1 - 091 74 02 216 - 9h-13h, 15h-18h - fermé dim.- gratuit.

Son sévère habillage du 19e s. dissimule plusieurs édifices de styles différents, dont le plus ancien remonte au 14e s. Il abrite l'**hôtel de ville**. Le portail, dont l'intérieur présente un riche décor baroque à colonnes torses (1691), donne accès à une jolie cour *(entrée libre)* où trône un escalier monumental. Il mène à l'étage noble qui abrite, à gauche, un bas-relief représentant une Déméter couronnée, nouvel hommage à la déesse sicilienne. Parmi les salles que l'on visite, voyez en particulier la Sala delle Lapidi, maintenant salle du Conseil, décorée de panneaux de marbre chargés d'inscriptions et d'un superbe lustre du 17e s. en bois, d'une seule pièce, et la **Sala Garibaldi** (c'est de son balcon que le héros harangua la foule en 1860). Une vitrine sur la droite présente des armes finement ouvragées, parmi lesquelles un fourreau en or et nacre ayant appartenu à Napoléon.

PIAZZA BELLINI★★

C'est l'une des places les plus attachantes de la ville par son subtil mélange d'architecture orientale et occidentale. Elle accueille trois églises – la Martorana, San Cataldo et Santa Caterina – et le **Real Teatro Bellini,** le plus ancien de la ville, bâti en 1726. *Piazza Bellini 7 - 10h-18h, dim. 10h-13h - 2,50 €.*

SANTA CATERINA

Piazza Bellini 1 - 091 271 38 37- www.monasterosantacaterina.com 10h-18h - 3 €, 10 € billet combiné église, terrasses et monastère.
L'église du **monastère** de Ste-Catherine, construite à la fin du 16e s. (la coupole date du 18e s.), conserve une riche **décoration intérieure★**, un **bas-relief** en marbre sur le côté droit représentant le *Naufrage de Jonas,* une coupole décorée de fresques réalisées par Vito D'Anna en 1751 et, dans le bras droit du transept, l'autel baroque dédié à Ste-Catherine d'Alexandrie, orné d'une sculpture de la sainte par Antonello Gagini (1534).
Les **terrasses** du monastère offrent une belle vue sur la vieille ville.
Ne quittez pas Santa Caterina sans une pause gourmande à la coopérative I Segreti del Chiostro, où sont réinterprétés les délices des moniales, à déguster ou à emporter *(accès par le bas-côté droit).*

LA MARTORANA (SANTA MARIA DELL'AMMIRAGLIO)★★★

Piazza Bellini 3 - ✆ 345 82 88 231 - 9h30-13h, 15h30-17h30, dim. 9h-10h30 - 2 €.

Comme souvent à Palerme, l'église a deux noms, même trois. Officiellement **San Nicolò dei Greci** depuis que, en 1221, elle a été rattachée au clergé byzantin, elle est cependant dénommée depuis neuf cents ans Santa Maria dell'Ammiraglio en l'honneur de Georges d'Antioche, amiral de la flotte de Roger II, qui l'a fait construire en 1143. On l'appelle enfin la Martorana, en souvenir d'Eloisa Martorana, fondatrice en 1194 du couvent bénédictin voisin, auquel l'église fut concédée comme chapelle. Les offices y sont célébrés dans le rite grec orthodoxe, en grec ancien ou en albanais. Ses formes linéaires typiquement normandes se perdent dans les éléments baroques de la façade qui donne sur la place Son élégant **campanile** à trois ordres (12e s.), autrefois séparé, a été rattaché à l'église au 16e s., lors de l'adjonction de deux travées.

Intérieur – Il est nettement divisé en deux parties. Les deux premières travées, ajoutées au 16e s., présentent d'admirables fresques réalisées au 18e s. par Borremans et Olivio Sozzi. Cette profusion baroque se marie étonnamment bien avec les magnifiques **mosaïques**★★★ de la partie primitive de l'église de stricte iconographie byzantine, dues probablement au talent des artisans qui ont réalisé la chapelle Palatine. Là encore, les expressions des personnages et la finesse des détails sont remarquables. Au début du bas-côté droit, qui correspond aux murs intérieurs de la façade d'origine, figure une *déisis* (intercession) montrant Georges d'Antioche agenouillé devant la Vierge *(à gauche)* et Roger II couronné par le Christ *(à droite)*. Au centre de la nef principale s'ouvre une coupole ornée d'un Christ pantocrator entouré des quatre archanges (Michel, Gabriel, Uriel et Raphaël). Juste au-dessous, huit prophètes et, dans les trompes, les quatre évangélistes. Sur la voûte centrale précédant la coupole sont représentées la Dormition de la Vierge (regardez comme le médecin écoute si le cœur de Marie bat encore tandis que Jésus est en train d'emmener son âme représentée sous les traits d'un

La frutta martorana

Consternation au couvent de la Martorana lorsque Charles Quint annonça sa visite en juin 1537. Ce mois-là, les orangers avaient perdu leurs fleurs mais ne produisaient pas encore de fruits. Pour donner un peu de gaieté à leur jardin, les religieuses préparèrent des oranges en pâte d'amandes qu'elles accrochèrent aux branches. L'histoire ne dit pas si l'empereur s'est laissé prendre. Toujours est-il que depuis ce jour, la frutta martorana s'est ajoutée aux spécialités siciliennes. Durant la fête des Morts, le quartier situé entre Via Spicuzza et Piazza Olivella est encore envahi d'étalages aux couleurs vives proposant les fameuses sucreries ainsi que des marionnettes en sucre et de petits jouets pour les enfants.

enfant emmailloté) et la Nativité *(sur la gauche)*. Dans cette scène, comme à la chapelle Palatine, Joseph boude dans un coin tandis qu'une jeune fille teste la température de l'eau du bain de l'Enfant Jésus.
Avant de quitter l'église, remarquez le beau pavement en marbre polychrome, puis levez lez yeux pour admirer les grilles en fer forgé fermant le chœur des moniales, ainsi que les splendides motifs d'incrustations de marbre de la clôture séparant la nef de l'autel. Notez également l'inscription en arabe « Dieu est miséricordieux » gravée sur l'une des colonnes de l'entrée.

SAN CATALDO★★

Piazza Bellini 3 - ✆ 091 78 29 684 - 9h-18h - 2,50 €.
Semblant émergée d'une oasis nord-africaine, avec son palmier et ses petites coupoles roses, l'église San Cataldo, fondée à l'époque normande (12e s.), est le siège de l'ordre des Chevaliers du St-Sépulcre. Encore aujourd'hui, ils sont seuls autorisés à assister à la messe célébrée ici une fois par mois. La forme cubique de l'édifice, ses merlons dentelés et ses coupoles en « bonnets d'eunuque » signent l'un des exemples les plus aboutis du style arabo-normand.
L'**intérieur**, très dépouillé, se divise en trois nefs séparées par des colonnes antiques provenant d'autres édifices. La travée centrale, couronnée de trois coupoles à trompes, est veillée par un Christ en croix byzantin. Le pavement en mosaïque de marbre polychrome est d'origine.

VIA MAQUEDA

Avec sa perpendiculaire, Via Vittorio Emanuele, elle est l'axe principal de la ville, parallèle à la mer. La rue fut tracée à la fin du 16e s. par le vice-roi de Sicile, le duc Maqueda Bernardino de Cárdenas y Portugal.

SANT'ORSOLA

Via Maqueda 102 - ✆ 091 61 62 321 - 7h30-11h, dim. 9h30-11h - fermé sam.
Autrefois siège de la Compagnie de l'Oraison funèbre préposée à enterrer les défunts du quartier, l'église du 17e s. présente une façade de style Renaissance tardif et un intérieur du 18e s. avec d'insolites chapelles communicantes. Dans la dernière chapelle de droite, décorée par **Serpotta**, l'habituelle allégresse des *putti* laisse la place aux squelettes et aux ossements.

PALAZZO COMITINI

Via Maqueda 100 - ✆ 091 66 28 260 - visite guidée 9h30-12h,30 15h30-17h30 (mar. et jeu. 16h45) - fermé w.-end - gratuit.
À la fin du 18e s., la construction de ce bâtiment, décidée par le prince de Gravina, englobe les palais de Roccafiorita-Bonanno et Gravina di Palagonìa. En 1931, son architecture est modifiée par l'ajout d'un étage et l'installation dans les locaux de l'administration de la province.
La visite, qui permet d'admirer aussi la belle collection d'art moderne de la province, donne une bonne idée du faste des palais palermitains. La **salle Martorana★**, ancienne salle de

P. Eastland/age fotostock

Marché de Ballarò.

bal, est couverte de boiseries du 18ᵉ s. incrustées de miroirs qui diffusent une douce lumière sur la fresque du plafond, dont le motif édifiant répond à ceux du sol de majoliques. On verra également de ravissants boudoirs décorés de céramiques et de miroirs gravés, ainsi que la **chambre de la Princesse**, recouverte de tentures roses et vertes.

De l'autre côté de la rue, l'imposant **Palazzo Celestri di Santa Croce★**, l'une des créations les plus raffinées de l'art baroque palermitain, abrite le siège de la **Fondazione Sant'Elia**, qui organise d'intéressantes expositions temporaires. *Via Maqueda 81 - ✆ 091 27 12 061 - www.fondazionesantelia.it - mar.-vend. 9h-17h - payant.*

MERCATO DI BALLARÒ

Le plus ancien des marchés historiques de Palerme est aussi celui qui incarne le mieux l'esprit multiculturel de la ville. Marché de viande, poisson et épices au Moyen Âge, il occupait les alentours de la mosquée, dans la tradition des souks arabes. Aujourd'hui, il s'étend de la Piazza Casa Professa au Corso Tukory (☛ p. 110) et s'anime le soir lorsque grandit le va-et-vient des étudiants de l'université qui se retrouvent pour boire un verre.

Sur la **Piazza del Carmine**, envahie tous les jours par la foule du marché, se dresse l'**église** du même nom, dont on admire de loin le **dôme★**

Le comte de Cagliostro

Joseph Balsamo, héros d'Alexandre Dumas, n'est pas une pure fiction. ***Giuseppe Balsamo*** *est né à Palerme, dans l'actuelle Via Cagliostro, en 1743. Passionné de sciences occultes, fondateur d'une loge maçonnique, il prit le titre de comte de Cagliostro et parcourut l'Europe, pratiquant son art de guérisseur au moyen d'une miraculeuse « eau d'éternelle jouvence ». Après un premier séjour à la Bastille pour intrigues, lors d'un voyage en France, il fut à nouveau arrêté en Italie, accusé cette fois de faire partie d'une secte d'illuminés. Enfermé dans la forteresse de San Leo, non loin d'Urbino, il y mourut de privations en 1795. Son corps fut inhumé au cimetière de Palerme.*

en majoliques supporté par quatre télamons. À l'intérieur, deux somptueux **autels★** ferment le transept. Sur des paires de colonnes torses dorées s'enroulent des spirales de stucs illustrant la vie de la Vierge *(à gauche)* et celle du Christ *(à droite)*, œuvres de Giacomo et Giuseppe Serpotta. Au-dessus de l'autel de gauche, la *Madone du Carmel* date du 15e s. *✆ 091 65 12 018 - mar., vend. et sam. 11h30-15h30 - 2,50 €.*

Non loin, Via Nunzio Nasi 18 (*suivez la Via Ballarò*), se dresse la **tour San Nicolò di Bari**, qui offre une des plus belles vues panoramiques sur la ville. *✆ 320 76 72 134 - lun. et jeu. 15h-18h, mar. et sam. 10h30-14h30 - 2,50 €.*

COMPLESSO DI CASA PROFESSA★

Piazza Casa Professa - ✆ 338 45 12 011 - www.casaprofessa.com - 9h30-18h - fermé dim. - 5 €.

À l'arrivée des Jésuites au milieu du 16e s., le gouvernement espagnol leur fit un don important qui permit de bâtir leur église et leur **collège**. Avec sa façade latérale en forme de temple dorique, ce dernier abrite aujourd'hui la bibliothèque municipale.

L'**église del Gesù** a été restaurée à maintes reprises (notamment après la Seconde Guerre mondiale), mais sa forme actuelle date de la fin du 16e s. L'extérieur austère contraste avec l'**intérieur★★**, décoré de stucs et de pierres semi-précieuses, d'une exubérance toute baroque. La deuxième chapelle de droite abrite deux belles toiles de **Pietro Novelli** : *Saint Philippe d'Agira* et **Saint Paul ermite★**. La dernière figure à gauche est un autoportrait du peintre. Remarquez, dans la 4e chapelle de droite, les fausses perspectives avec des colonnes torses.

Le chœur donne accès à la sacristie, au musée (œuvres d'art sacré appartenant à l'ordre) et à la crypte utilisée pour les sépultures des pères jésuites.

Au 1er étage se trouve un bijou insoupçonné : l'**Oratorio del Sabato★**, décoré par Procopio Serpotta en 1740. Le nom (oratoire du Samedi) vient du jour où la confrérie qui gérait l'oratoire s'y réunissait. Les toiles du décor ont malheureusement disparu, mais les statues des vertus qui subsistent présentent une grâce typiquement rococo.

La Kalsa★★

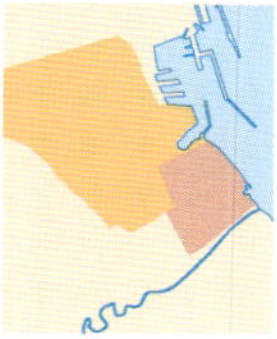

Situé au sud-est des Quattro Canti, la Kalsa, qui a conservé son nom d'origine, al-halisah, « l'élue, la pure », s'est constituée autour du al-kasr, la citadelle qui servait de résidence à l'émir et à ses ministres. Des demeures nobles furent édifiées au 15e s. le long de la Via Alloro, puis de grands palais aristocratiques s'alignèrent au 18e s. sur le Foro Italico aux vues marines. Lors des bombardements alliés de 1943, la Kalsa fut rasée, occasionnant de lourdes pertes humaines et matérielles. Aujourd'hui quelques-uns des musées les plus prestigieux de Palerme se trouvent dans ce mandamento ouvert sur la mer, qui reste le plus fascinant de la ville.

▶**Accès :** des Quattro Canti, suivez la Via Vittorio Emanuele, puis tournez à droite sur la Via Roma et enfin à gauche sur la Via Sant'Anna.

Plan de quartier** **p. 34-35*. Plan détachable EG4-5.***

▶**Conseil :** entre la promenade et la visite des musées *(fermés le lun.)*, pensez à réserver une bonne demi-journée à ce quartier. Essayez de joindre un groupe pour la visite du Palazzo Valguarnera-Gangi *(voir p. 38)*.

PIAZZA SANT'ANNA

Jadis au cœur du **marché des Lattarini** (qui se limite aujourd'hui à quelques étals de fripes), cette agréable place est dominée par la façade ondulée de l'église **Sant'Anna** (17e-18e s.). Sur la droite, le couvent abrite la Galleria d'Arte Moderna.

GALLERIA D'ARTE MODERNA★

Via Sant'Anna 21 - ✆ 091 84 31 605 - www.galleriadartemodernapalermo.it - tlj sf lun. 9h30-18h30 - 7 €.

Le musée d'Art moderne occupe le **couvent de Sant'Anna** et le Palazzo Bonet, élevé en 1480, puis cédé aux Franciscains en 1618. Dans ce cadre d'une sobriété toute franciscaine est présentée une importante collection de peintures et sculptures des 19e et 20e s., organisée de façon particulièrement agréable, sur trois niveaux, en suivant un parcours chronologique. Elle fournit l'occasion unique de se familiariser avec la peinture sicilienne et les sujets abordés par les peintres – peinture d'histoire, paysages, portraits...

Rez-de-chaussée – Place à l'une des pièces maîtresses de la collection : **Gli Iracondi**★ du Palermitain **Mario Rutelli** (vers 1910), sculpture inspirée du 7e chant de L'*Enfer* de Dante. La furie des personnages et leur mouvement sont particulièrement mis en valeur par l'éclairage. La section dédiée à la peinture historique accueille l'immense toile du peintre romain Erulo Eroli (1854-1916) **I Vespri siciliani**. Sont exposées aussi à ce niveau les œuvres du Palermitain **Francesco Lojacono** (1838-1915),

LA CALA
Santa Maria in Valverde
ORATORIO DEL ROSARIO
San Domenico
Piazza Marina - Giardino Garibaldi
Mercato della Vucciria
ORATORIO DI SAN LORENZO
San Francesco d'Assisi
Palazzo Mirto
San Matteo
Quattro Canti
San Giuseppe dei Teatini
Piazza Pretoria
Santa Caterina
Palazzo Pretorio
Piazza Bellini
Real Teatro Bellini
San Cataldo
LA MARTORANA
Galleria d'Arte Moderna
Sant'Anna
Piazza Sant'Anna
Piazza Aragona
Palazzo Valguarnera-Gangi
Piazza della Rivoluzione
Palazzo Ajutamicristo
Sant'Orsola
Complesso di Casa Professa
Palazzo Comitini
Via Roma
Via Vittorio Emanuele
Via Maqueda
Via Garibaldi
V. Cala
V. Cassari
V. Bottai
V. Alloro
V. Giovanni Meli
V. S. Sebastiano
V. Tavola Tonda
V. Argenteria
V. Materassai
V. dei Tintori
V. Chiavettieri
V. del Parlamento
V. Immacolatella
V. Maletto
V. Merlo
V. Calascibetta
V. Zara
V. Malta
V. Genova
V. Firenze
Discesa dei Giudici
V. Calderai
Vicolo Meschita
V. dell'Università
V. del Ponticello
V. Giardinaccio
V. Bologna
V. Divisi
V. Pola
V. Montesanto
V. Maestri d'Acqua
V. Magione
V. Schiavuzzo
V. Castrofilippo
V. Gorizia
V. Bandiera
V. Bari
V. Napoli
V. Venezia
V. Teatro Biondo
Discesa Maccheronai
V. Coltellieri
V. Valverde
V. Castello
V. Fratelli Orlando
V. Fratelli Cianciolo
V. Antonio Gagini
V. Sta Maria del Piliero
Lgo Cavalieri di Malta
V. Monteleone
V. Porto Salvo
V. Sal. Partanna
V. dei Cartari
V. degli Schioppettieri
V. S. Cristoforo
V. Lampionelli
Vicolo Viola
Vicolo Guascone
Vicolo Sant'Orsola
Vicolo S. Carlo
Vicolo Cefalà
Vicolo S. Gabriele
V. Francesco Daniele
Lungarini
V. Garraffello
V. Terra delle Mosche
V. dei Frangiai
Vicolo Mezzani
V. Pannieri
Vicolo Mori
Vicolo Paterno
Vicolo S. Matteo
Vicolo dei Corrieri
V. Ambra
V. Argenteria Vecchia
Vicolo del Barrilaio
Vicolo Corpora
V. Teatro Garibaldi

34

LA KALSA
0
100 m
N
Golfo
di
Palermo
V. Cala
Loggiato di
San Bartolomeo
Porta
Felice
Santa Maria
della Catena
Passeggiata
delle Cattive
Museo Internazionale
delle Marionette-
Pasqualino
Vicolo
Niscemi
Vicolo del
Sant'Uffizio
Sal. della
Intendenza
7
Palazzo
Butera
25
10
Palazzo
Chiaramonte-Steri
25
Santa Maria
della Pietà
San Mattia
10
V. Torremuzza
Foro
Noviziato
dei Crociferi
Galleria Regionale
della Sicilia
V. 4
Aprile
11
Vicolo Palagonia
all'Alloro
V. del
Pappagallo
Alloro
La Gancia-Santa Maria
degli Angeli
Via
Discesa dei
Bianchi
10
PIAZZA
D. KALSA
Italico
V.
Savona
Santa Teresa
alla Kalsa
Oratorio
dei Bianchi
V. Niccolò
Cervello
Riso
Francesco
Spasimo
V. del
Pallone
V. Lincoln
Piazza
Magione
11
dello
Vicolo
del Pallone
V. Lincoln
V.
Santa Maria
dello Spasimo
Cortile del
Giuoco
VILLA
GIULIA
La Magione
V. Carmelo
Pardi
V. Lincoln
Filangeri
V. Carlo Rao
Orto
Botanico
V. Lincoln
V. Archirafi

SE RESTAURER
Aja Mola 9
A'nica 22
Antica Focacceria San Francesco 19
Buatta 21
Casa del Brodo 23
Franco U'Vastiddaru 1
Friggitoria Chiluzzo 10
Gagini Social Restaurant 11
Osteria Ballarò 14
Osteria dei Vespri 13
L'Ottava Nota 25
Pani c'a' meusa Porta Carbone 28

PRENDRE UN VERRE
Al Cassaro 3
Antica Gelateria Ilardo 10
Bar Touring 16
Cioccolateria Lorenzo 11
Gelateria La Kala 17
Ideal Caffè Stagnitta 8

SHOPPING
Emporio Pizzo Free 9
Insimulab 10
MadoniEAT 25
Mercato della Vucciria 12
Moma 11
Siculamente 16

SORTIR
Antonio Pasqualino 7
Birreria Ballarak Magione 11
Lounge Bar Hotel Ambasciatori 14
Taverna Azzurra 25

SE LOGER
Al Giardino dell'Alloro 1
B&B 22 9
Hotel Porta Felice 10
Posta 6

considéré comme l'un des plus grands paysagistes italiens. La *Veduta di Monte Catalfano* de ce peintre de sensibilité réaliste rappelle Camille Corot, alors que dans *Studio di Palude* point l'influence de l'impressionnisme.

1er étage – *Accès à travers le cloître.* Parmi les pièces les plus importantes, on découvre ici la très intense **Madre dell'ucciso** (*La Mère de la victime*) de l'artiste sarde Francesco Ciusa (1883-1949). Le Sicilien Onofrio Tomaselli, une des gloires de l'île, a fait sensation en 1906 avec **I Carusi★**, un imposant tableau qui dénonce la misère sociale et le travail des enfants. Du paysagiste palermitain **Antonino Leto** (1844-1913), élève de Lojacono, on retiendra l'émotion que dégagent ses *Case bianche* comme ses scènes de la vie aux champs. Une salle entière est consacrée à **Ettore De Maria Bergler** (1850-1938), également élève de Lojacono, qui a laissé une poétique *Vue de Taormine*. Après l'évocation de la redécouverte de Selinonte par les paysagistes siciliens, la visite de l'étage s'achève devant les œuvres du Palermitain **Michele Catti** (1855-1914). Avec une grande précision et des cadrages parfois très originaux, l'artiste montre Palerme au début du 20e s. entrant dans l'ère industrielle.

2e étage – La visite de l'étage, qui accueille les peintures du 20e s., débute avec une des douze versions de l'inquiétant **Péché★★**. Ce tableau assura en 1893 la notoriété du Bavarois Franz von Stuck (1863-1928), artiste symboliste dont Kandinsky fut l'élève. On s'intéressera ensuite aux œuvres du Ferrarais **Giovanni Boldini** (1842-1931), le peintre des derniers feux de l'aristocratie, et au *Mattino d'estate* d'**Aleardo Terzi** (1870-1945), d'une grande douceur et influencé par le mouvement pointilliste. Auteur de la célébrissime *Vucciria* (conservée au Palazzo Steri, → *p. 40*), **Renato Guttuso** (1912-1987), antifasciste et résistant, sut parfaitement saisir l'identité de son île natale. Le Sicilien **Pippo Rizzo** (1897-1964) a rejoint quant à lui le futurisme.

Via Sant'Anna dans la Kalsa.

Bucceri
Articoli per l'infanzia

PALAZZO VALGUARNERA-GANGI★

Piazza Croce dei Vespri 6 - visite de groupe seult - pensez à réserver sur palazzogangi@hotmail.com.
Ouvrant sur la **Piazza Croce dei Vespri** par une élégante entrée, ce palais a prêté son décor somptueux à la scène de bal du *Guépard* de Luchino Visconti en 1963. L'édifice est l'un des plus beaux palais de Sicile, et sa visite constitue une plongée fascinante dans les fastes de la société palermitaine de la fin du 19e s.
On traverse la **Piazza Aragona**, animée par plusieurs boutiques du circuit **Associazione Liberi Artigiani-Artisti di Balarm** *(www.alabpalermo.it)*, dont les artisans créent des objets originaux et de qualité en céramique, papier, cuir, tissu et autres matériaux.
Prenez à gauche la Via Paternostro.

SAN FRANCESCO D'ASSISI★

Piazza San Francesco - ✆ 091 58 23 70 9h-11h30, 16h-18h - fermé lun. mat.
De l'église originale, qui date du 13e s., il ne reste presque plus rien. Sérieusement endommagée par les bombardements de 1943, elle doit son aspect actuel aux derniers travaux de restauration, qui ont tenté de lui rendre sa forme d'origine.
D'une grande simplicité, la façade est éclairée par une rosace et un très beau **portail★** gothiques provenant de l'édifice d'origine.
À l'**intérieur**, on peut apprécier le volume ample et l'harmonie de l'ensemble, caractéristiques des églises franciscaines. Remarquez les dix statues de Giovanni Serpotta illustrant les Vertus franciscaines (notez *La Modestie* qui éloigne son visage d'un miroir et *l'Humilité*, avec sa colombe sur la tête). Dans la 4e chapelle à gauche, le beau **portail★** est dû à Francesco Laurana et Pietro di Bonitate.
En face à l'église se trouve l'**Antica Focacceria San Francesco**, une des enseignes les plus anciennes de la ville (*Nos Adresses, p. 99*).

ORATORIO DI SAN LORENZO★★★

Via Immacolatella 5 - ✆ 091 61 18 168 - 10h-18h - 3 € billet groupé avec l'Oratorio di San Mercurio, *p. 22.*
On se croirait dans un patio andalou : une cour carrée, des murs blancs, une fontaine, un oranger... Un des chefs-d'œuvre de **Giacomo Serpotta** a été baptisé, à juste titre, la *grotte de corail blanc*. Sur les murs de la salle, quelques petits théâtres illustrent des scènes de la vie de saint François *(côté droit)* et de saint Laurent *(côté gauche)* dont le martyre est représenté sur la contre-façade. Au détachement altier des dix *Vertus* s'oppose le chahut joyeux des délicieux *putti* en liesse, mis en scène dans des poses et des attitudes des plus fantaisistes (cherchez celui qui fait des bulles de savon ou ceux qui s'embrassent tendrement). Des vols ont tristement marqué la vie de ce lieu : en particulier celui, en 1969, de *La Nativité* du Caravage, réalisée en 1609 pour l'autel de l'oratoire. Le tableau exposé est une reconstitution réalisée à grands frais en 2015, à

partir de diapositives anciennes. Avant de partir, jetez un coup d'œil au magnifique pavement en marbre et à la marqueterie des bancs, incrustés de nacre et d'ivoire

Longez le flanc droit de l'église San Francesco.

PALAZZO MIRTO★

Via Merlo 2 - ✆ 091 61 64 751 - 9h-18h, dim. 9h-13h - 6 €.

La résidence des princes Lanza Filangeri fut à plusieurs reprises réaménagée pour répondre à leurs exigences. Elle prit son aspect actuel à la fin du 18e s. Un grand escalier de marbre rouge conduit à l'étage noble, qui a conservé son mobilier d'origine. Le **petit salon chinois★** surprend, avec son sol en cuir, son plafond en trompe l'œil et ses murs tapissés de soie peinte figurant des scènes de vie quotidienne. C'était un petit fumoir prévu aussi pour les jeux de cartes. Exposé dans l'antichambre, un service d'assiettes du 19e s. de la manufacture de Capodimonte figure des personnages costumés. À l'occasion des bals masqués, il servait, semble-t-il, à désigner la place de chaque convive en fonction du costume représenté. L'antichambre précède un autre **fumoir★** aux murs revêtus de cuir repoussé et peint, matériau très répandu à l'époque, car la fumée ne l'imprégnait pas. Le **salon Pompadour★** frappe par le luxe des murs tapissés de soie et de broderies florales. Le sol en mosaïque est le seul qui se soit conservé. L'endroit le plus luxueux demeure le **salon du Baldaquin★**, pièce majestueuse au centre de laquelle trône un baldaquin drapé de précieux tissus brodés. Les murs sont recouverts de tapisseries ; un piano Pleyel, propriété des derniers Filangeri, est encore employé pour des concerts occasionnels. Ce salon donne accès à une **terrasse** décorée d'une fontaine en rocaille flanquée de deux cages à oiseaux peintes en trompe l'œil. La salle à manger présente un beau service en porcelaine de Meissen, du 18e s., à motifs de fleurs et d'oiseaux. En sortant, on découvre l'**écurie★** du 19e s. avec ses stalles ornées de têtes de chevaux en bronze.

PIAZZA MARINA - GIARDINO GARIBALDI

Les arbres et les massifs de fleurs du jardin ont remplacé les bûchers et autres spectacles édifiants, organisés pendant plus d'un siècle par l'Inquisition, qui siégeait juste en face, au palais Chiaramonte. Ponctué de bustes à la gloire des grands noms du Risorgimento, le parc est planté d'espèces exotiques qui se sont merveilleusement adaptées au climat de Palerme, dont un gigantesque **Ficus magnolioide★★** aux racines aériennes développées et robustes comme des troncs d'arbre. Remarquez les curieuses prises de chasse et les têtes de sangliers qui décorent la grille. Si vous visitez les lieux un dimanche matin, faites un tour au marché aux puces. Tout autour s'élèvent de beaux palais : Palazzo Galletti (au n° 46), Palazzo Notarbartolo (n° 51) et Palazzo Chiaramonte-Steri.

Du côté de la Via Vittorio Emanuele, la charmante **fontaine del Garraffo** a été réalisée à la fin du 17e s. suivant un projet de Paolo Amato.

PALAZZO CHIARAMONTE-STERI★

Piazza Marina 61 - ✆ 091 23 89 37 88 - visite guidée tlj sf lun. 10h-19h - 8 €.
Construit en 1307 pour la famille Chiaramonte, l'une des plus riches et des plus puissantes sous le règne des Aragonais, le palais s'appelait d'abord **Lo Steri**, du mot *Hosterium*, qui signifie « demeure fortifiée », dont il arbore la forme nette et carrée. Sa façade présente de très belles **fenêtres trilobées★★** : remarquez en particulier la marqueterie de pierre sur les arcs couronnant les fenêtres du premier niveau. Le style, gothique pour ses lignes essentielles, est nuancé par des éléments originaux qui donnèrent naissance au style dit « chiaramontain », très répandu en Sicile dans les édifices civils de la même époque.
Une partie du palais est occupée par l'université de Palerme. Ornée d'un précieux plafond en bois (1380), la Sala Magna – ou dei Baroni – abrite par la volonté de l'artiste, **Renato Guttuso**, le tableau **La Vucciria★** *(p. 49)*.
Le bâtiment accueille également le **Museo dell'Inquisizione**, venant rappeler que le palais Chiaramonte fut le siège du tribunal de l'Inquisition à partir du 17e s. jusqu'en 1782, année de son abolition en Sicile. La visite fait découvrir les cachots marqués de remarquable **graffitis★** laissés par les prisonniers.

SANTA MARIA DELLA CATENA★

Piazzetta delle Dogane - ✆ 091 32 15 29 - 10h-18h (dim. 14h-18h nov.-mai) - 2,50 €.
Attribuée à Matteo Carnelivari, elle est précédée d'un vaste portique carré à trois arcades surbaissées, derrière lequel se dissimule le portail, dont la corniche est ornée d'un bas-relief de Vincenzo Gagini. Le portique est couronné d'une dentelle de pierre courant aussi sur les côtés (le petit escalier qui le précède est un apport tardif). Pendant plusieurs siècles l'église a gardé les chaînes *(catene)* qui fermaient le port, d'où son nom. Aujourd'hui, derrière l'église, on aperçoit les voiles et les mâts des bateaux amarrés dans le port de plaisance de la ville.
L'**intérieur** marie les styles gothique et Renaissance (1490), avec arcs bombés et travées à croisées en ogives. Les tiercerons en pierre qui les soulignent contrastent avec la blancheur du plafond. À la croisée du sanctuaire s'ouvrent des fenêtres géminées finement travaillées. La seconde chapelle de droite a conservé les restes d'une fresque de la Vierge et, sur l'autel, on peut voir les symboles des chaînes. L'église apparaît dans toute sa splendeur la nuit, sous la lumière des projecteurs.

MUSEO INTERNAZIONALE DELLE MARIONETTE - PASQUALINO★

Piazzetta Antonio Pasqualino 5 (Vicolo Niscemi) - ✆ 091 32 80 60 - www.museomarionettepalermo.it - 9h-13h, 14h-18h30 - fermé dim. - 6 €.

Roland, Angélique et Charlemagne, les fameux *pupi* siciliens (*p. 150*), accueillent dans les murs de l'ancien Hôtel de France leurs confrères du monde entier : marionnettes africaines, bunraku japonais, ombres grecques et *karagöz* turc, figures animées d'Asie et d'Inde... Tout un univers de fantaisie à découvrir dans ce musée original.
Le **petit théâtre**, encore en activité, propose des représentations de chansons de geste, qui arrachent les mêmes exclamations de joie ou de peur aux enfants d'aujourd'hui qu'à ceux du 16ᵉ s.

PORTA FELICE

La porte (1582) termine la Via Vittorio Emanuele à l'est. La masse imposante de ses deux énormes piliers de style Renaissance tardif est allégée par des volutes et des ouvertures au-dessous des tympans. Le **Loggiato di San Bartolomeo★** (15ᵉ s.), qui appartenait autrefois à un hôpital détruit lors des bombardements de 1943, accueille aujourd'hui expositions et manifestations culturelles. *www.fondazionesantelia.it - tlj sf dim. 15h-20h.*

FORO ITALICO

De la Porta Felice démarre le Foro Italico (ou **Foro Umberto I**), l'ancienne *passeggiata alla marina*, lieu de rencontre et de distraction pour l'élégante aristocratie citadine, et décor privilégié des fêtes et des réceptions. Nombre de nobles firent ériger ici des palais somptueux.
L'écrivain allemand Fanny Lewald notait dans *Diogène*, en 1847 : « À Palerme la nuit ne vient jamais, du moins sur le bord de la mer, l'un des plus beaux que l'on puisse trouver en Europe... Sous cette rangée de terrasses se déroule le soir la promenade qui commence à sept heures. La Marina ne s'anime véritablement qu'à partir de dix heures. » De cette évocation du temps passé restent l'enchantement du décor naturel, le kiosque à musique néoclassique *(immédiatement après le croisement avec la Via Alloro)* et l'agréable promenade, bordée de pelouses et de bancs colorés.

PASSEGGIATA DELLE CATTIVE

De 10h au coucher du soleil.
Construite en 1823 sur la courtine des murs d'enceinte qui délimitait la promenade du bord de mer, la promenade doit sa dénomination curieuse au mot qui désignait les veuves (*captives*, soit prisonnières du deuil), qui étaient assurées sur ce parcours d'une grande discrétion vis-à-vis de la promenade située au-dessous d'elles.

PALAZZO BUTERA★

Via Butera 18 - ✆ 091 75 21 754 - palazzobutera.it - 10h-20h - fermé lun. - 7,50 €.
Acheté en 2016 et remarquablement restauré par les collectionneurs Francesca et Massimo Valsecchi, le plus spectaculaire des palais du Foro Italico possède de magnifiques terrasses et une **vue★** imprenable sur

Le Palazzo Butera sur le front de mer de Palerme.

la mer. Il abrite un centre pour les arts et la culture et la collection d'art de la famille. La visite comprend les belles salles du premier étage, les espaces d'exposition au rez-de-chaussée, les greniers et la tour panoramique avec vue à 360° sur la ville. La belle cour intérieure *(accès libre)* accueille le café *Le Cattive* et donne accès direct à la Passeggiata delle Cattive (*p. 41*).

SANTA TERESA ALLA KALSA

Piazza della Kalsa - 7h-11h, 16h-19h - fermé lun. mat. et jeu. mat.
L'imposante façade baroque de cette église (1686 -1706) est due à Giacomo Amato. L'intérieur conserve des décors en stuc de Giuseppe et Procopio Serpotta.

En parcourant la **Via Torremuzza**, on notera au n° 20 la façade aux membrures de pierre du **Noviziato dei Crociferi** et de l'église **San Mattia**.

SANTA MARIA DELLA PIETÀ

Via Torremuzza 1 - 9h-12h, 16h-17h30 - fermé dim. apr.-midi.
Réalisée par Giacomo Amato entre 1678 et 1684, avec ses colonnes corinthiennes superposées, l'église évoque la théâtralité du baroque romain. À l'intérieur, le décor peint a été confié à Guglielmo Borremans ; le superbe plafond (1708) à Antonio Grano et les stucs à Giacomo Serpotta. On remarquera aussi une clôture de chœur figurant un soleil levant qui délimitait la partie destinée

aux sœurs dominicaines, fondatrices de l'église. L'église doit son nom au tableau du 16e s. entouré d'un cadre somptueux, conservé dans la troisième chapelle du bas-côté gauche.

VIA ALLORO

Dans l'ancienne rue principale du quartier, on se promène le long de murs souvent lépreux, sous les balcons ventrus de palais en ruines, dont les cariatides ne portent plus que l'absence et les escaliers à double volée ne mènent plus nulle part. Si beaucoup de palais ont été détruits ou abandonnés, le **Palazzo Bonagia** *(n° 58)*, très endommagé, fait l'objet d'importants travaux qui lui redonneront sa splendeur d'antan.

GALLERIA REGIONALE DELLA SICILIA★★

Via Alloro 4 - ✆ 091 62 30 011 - tlj sf lun. 9h-18h30, w.-end. 9h-13h - 8 €.
Installé dans le **Palazzo Abatellis★**, un édifice de style gothico-catalan enrichi d'éléments Renaissance, le musée rassemble de remarquables sculptures et peintures de l'époque médiévale au 17e s. Le palais fut édifié par Matteo Carnelivari, qui séjourna à Palerme à la fin du 15e s. Son vaste portail carré aux décorations en faisceaux ainsi que ses fenêtres trilobées et géminées donnent toute son élégance à la façade. La restauration du palais, très endommagé par les bombardements de 1943, a été confiée à l'architecte **Carlo Scarpa**, qui a su exploiter avec talent supports, matériaux et couleurs en fonction de la luminosité naturelle.

Rez-de-chaussée – La visite commence avec la stupéfiante fresque provenant du palais Sclafani, le **Triomphe de la Mort★★★** *(salle II;* *encadré ci-dessous)*, réalisée probablement en 1446. Le petit buste d'**Éléonore d'Aragon★★** *(salle IV)*, qui frappe par la douceur de son expression, est l'œuvre du sculpteur dalmate **Francesco Laurana**, lequel exerçait en Sicile au 15e s. Parmi les œuvres des **Gagini**, dont les statues et les bas-reliefs ornent nombre d'églises siciliennes, on peut admirer

Le Triomphe de la Mort

Dans la chapelle du palais Abatellis, la Mort fait irruption sur son cheval squelettique. Armée d'un arc et de flèches, elle frappe tout autant les membres du clergé que de riches insouciants qui s'abreuvent à la fontaine de jouvence au sein d'un beau jardin, tout en épargnant les miséreux qui contemplent la scène de côté. L'auteur de cette fresque du 15e s. est inconnu, mais il a vraisemblablement laissé son autoportrait à gauche, sous les traits du personnage que l'on identifie à son pinceau et à son regard tourné vers le spectateur. Il est difficile de détacher les yeux de cet imposant panneau (600 x 642 cm), tant fascinent l'élégance qui se dégage d'autant de violence, le réalisme des détails, la douceur du trait malgré la cruauté du sujet et l'étonnante modernité de certains détails.

CSP_gandolfocannatella/Fotosearch LBRF/age fotostock

La Vierge de l'Annonciation d'Antonello da Messina.

la *Madonna del latte (salle IV)* de Domenico, le père, et une belle **Vierge à l'Enfant★** d'Antonello, le fils *(salle V)*.

Premier étage – Il est entièrement consacré à la peinture (nombreux peintres de l'école sicilienne). La Renaissance est bien représentée, notamment avec une **Madonna dell'Umiltà★** de Bartolomeo Pellerano (14e s.) d'une grande douceur *(salle VII)*, plusieurs polyptyques et les fresques de Tommaso de Vigilia (seconde moitié du 15e s.) provenant d'une chapelle de l'ordre des Chevaliers teutoniques *(salle IX)*. Mais le chef-d'œuvre du musée est la **Vierge de l'Annonciation★★★** d'**Antonello da Messina** (*salle X - voir encadré ci-dessous*). De ce peintre d'exception, la salle accueille aussi trois portraits de saints appartenant à un polyptyque démembré. La salle XIII réunit des œuvres flamandes de la première moitié du 16e s. parmi lesquelles une *Déposition* de Jan Provost et le superbe **triptyque des Malvagna★★**, de Jan Gossaert dit **Mabuse** (*Vierge à l'Enfant parmi les anges,* 1510), au décor architectural de toute beauté. Parmi les œuvres des périodes suivantes se détache une *Déposition* de Vincenzo degli Azani (vers 1519-1557), élève de Raphaël installé à Palerme (*salle XV*).
La salle XVI est dédiée aux peintres maniéristes et accueille une belle *Vierge à l'Enfant* de **Bronzino**. Dans la **Salle verte**, aménagée dans la nouvelle aile du musée, sont exposées

L'annonce faite à Marie

Dans la célèbre Vierge de l'Annonciation d'Antonello da Messina, l'ange Gabriel n'est pas représenté mais la direction du regard de Marie suffit à le rendre présent. Face à la toile, on « sait » que l'ange se trouve à notre gauche. Le tableau vaut également pour la subtilité avec laquelle le peintre a réussi à exprimer les sentiments contradictoires qui assaillent Marie au moment de l'Annonciation : la surprise d'être interrompue pendant sa lecture, exprimée par le geste de la main gauche qui ferme le voile ; la peur, qu'indique le geste de sa main droite ; et finalement l'acceptation de son destin qui transparaît dans la douceur de son regard.

les œuvres de la Contre-Réforme, tandis que la **Salle rouge** (*2e étage*) accueille les **peintres caravagesques** du 17e s. : Simon Vouet, Pietro Novelli, Mattia Preti... Admirez enfin la *Déposition* d'**Anton van Dyck** et les saints de **Jusepe de Ribeira**.

LA GANCIA - SANTA MARIA DEGLI ANGELI★

Via Alloro 27 - ✆ 091 61 65 221- 9h30-13h30, dim. 10h-12h30 - 2,50 €.
L'église, édifiée par les Franciscains à la fin du 15e s. et remaniée à plusieurs reprises, n'a gardé de ses caractéristiques d'origine que sa forme carrée à conques régulières. L'**intérieur** est de style baroque, avec quelques éléments d'autres époques, notamment du 16e s. : le plafond en bois peint aux allures de voûte étoilée, le **buffet d'orgue**★★ de Raffaele La Valle (fin du 16e s.), la **chaire** de marbre et les **médaillons** à reliefs représentant l'Annonciation *(à côté de l'autel)*, d'**Antonello Gagini**. Au 17e s., la décoration a été confiée à Giacomo Serpotta, Andrea Surfarello et Gaspare Farina. Bon nombre de stucs ont disparu, mais heureusement le malicieux **petit moine**★ de Serpotta est toujours là, qui nous sourit du haut d'une corniche de la chapelle du Sposalizio *(à gauche de l'autel)*.

ORATORIO DEI BIANCHI

Piazzetta dei Bianchi - ✆ 091 61 73 080 - www.provincia.palermo.it - 9h-13h - fermé lun. - 10 € billet combiné avec Palazzo Abatellis et Palazzo Mirto.
L'oratoire a été fondé en 1542 par la compagnie dei Cavalieri Bianchi, composée de religieux et de laïcs voués à sauver l'âme des condamnés à mort. Remanié aux 17e et 18e s., il fut endommagé par les bombardements de 1943. Le niveau inférieur, correspond à l'église byzantine **Santa Maria della Vittoria**. En gravissant un majestueux escalier en marbre de Carrare, on accède à une vaste salle (1784) décorée avec élégance. L'oratoire abrite aussi des statues provenant de l'ancien édifice, ainsi que des stucs de Giacomo Serpotta provenant d'un couvent disparu. Le **salon Fumagalli** porte le nom du peintre romain auteur des fresques en trompe l'œil.

SANTA MARIA DELLO SPASIMO★

Accès par La Scuola Europea di Musica Jazz - Via dello Spasimo 15 - ✆ 091 61 61 486 - 9h30-18h (17h en hiv.), lun. 9h30-14h30 - gratuit.
C'est un jurisconsulte de Palerme, Giacomo Basilicó, particulièrement dévot à la Vierge de Douleur *(spasimo)*, qui a fait édifier ce bâtiment en 1506 et a commandé à Raphaël une toile représentant la *Madonna dello Spasimo* pour orner l'autel. Le tableau n'est pas resté longtemps à Palerme : sur la demande du roi d'Espagne Philippe IV, il a été envoyé au monastère de l'Escurial en 1661 et il est aujourd'hui conservé au musée du Prado à Madrid. La construction des bâtiments n'était pas encore achevée quand la menace turque rendit nécessaire l'adjonction du bastion qui s'adosse à l'église.

Santa Maria dello Spasimo.

Transformé en forteresse, en théâtre, en lazaret, en hospice pour les pauvres et enfin en hôpital jusqu'en 1986, l'édifice a été finalement restauré pour devenir un lieu d'expositions et de concerts. L'**église★** représente l'unique exemple d'art gothique nordique en Sicile. Haute et élancée, la nef centrale, dont la couverture s'est écroulée au 18e s. et n'a jamais été reconstruite, étire ses formes en toute liberté vers le ciel. Elle se termine par une très belle abside polygonale. Des concerts sont organisés dans ce cadre exceptionnel.

PIAZZA MAGIONE

Ceinturée de palais et de monuments longtemps abandonnés, la place a été récemment restaurée. Elle offre un agréable espace vert entouré de petits bistrots et de cafés branchés.

LA MAGIONE

Via Magione 44 - ✆ 091 617 05 96 - église : 8h45-12h, 15h-18h30, lun. 15h-18h30 ; cloître mar.-sam. 10h-13h30, 14h30-18h, dim. 9h30-13h30 - 4 € pour le cloître.

L'humble **église** romane est précédée d'un jardin fleuri. Elle fut fondée au 12e s. par Matteo d'Ajello, notable au service des souverains normands. En 1197, Henri VI la donna à l'ordre des Chevaliers teutoniques, qui en firent leur *mansio* (demeure), d'où le nom du complexe. La **façade★** en saillie est ornée de trois rangées d'arcades

qui s'enrichissent au premier niveau d'éléments décoratifs et encadrent les portails. L'**intérieur**, à trois nefs, est simple et dépouillé. À l'entrée du collatéral gauche, un gisant en marbre du 16e s. est représenté accoudé et comme pensif, une attitude rare. Au-dessus est accrochée une croix du 15e s., également en marbre, de l'ordre des Chevaliers teutoniques. L'église renferme aussi deux statues de Gagini.
Le **cloître**, aux gracieuses colonnes géminées, conserve des vestiges plus anciens encore, telle une tour arabe du 10e s. Côté nord, des fouilles archéologiques ont mis au jour la stratification de la ville.

ORTO BOTANICO★★

Via Lincoln 2 - ✆ 091 74 89 995 - www.ortobotanico.unipa.it - de 9h au coucher du soleil - 6 €.
Un petit détour vous conduit à ce splendide jardin botanique créé en 1789. On peut y découvrir des plantes orientales et exotiques rares, qui se sont acclimatées à merveille au climat de Palerme. Prenez le temps de flâner entre les palmiers, les cactus, les bambous rares comme le *Dendrocalamus giganteus* et les arbres fruitiers tropicaux. « Entrez » dans le fameux **Ficus magnolioides★★**, dont les branches enracinées dans la terre ont édifié un véritable temple végétal d'une bonne dizaine de mètres de longueur. Remarquez les **fromagers★**, bombacées d'Amérique du Sud importées à Palerme à la fin du 19e s. Juste devant la **serre Maria Carolina**, un vénérable et rare **arbre à savon★** *(Sapindus mukorossi)*, vieux de 250 ans, trône près d'une allée d'agapanthes. Le papyrus, les néfliers, le gingko biloba ainsi que tous les agrumes sont également représentés. Enfin, ne manquez pas le **bassin★★**, situé à l'entrée, avec ses nymphéas de toutes les couleurs et ses énormes haies de bambous.
Remontez la Via Lincoln, puis tournez à droite sur la Via Garibaldi.
Le **Palazzo Ajutamicristo** *(Via Giuseppe Garibaldi, 23)* cache dans la deuxième cour une élégante loggia édifiée au 15e s. par Matteo Carnelivari.

PIAZZA DELLA RIVOLUZIONE

Cette placette a été le point de départ de la révolte contre les Bourbons en 1848. La fontaine centrale porte le **Génie de Palerme** (17e s.), qui représente un roi nourrissant un serpent, symbole de Palerme qu'on retrouve plus d'une fois dans la ville.

La Cala★★

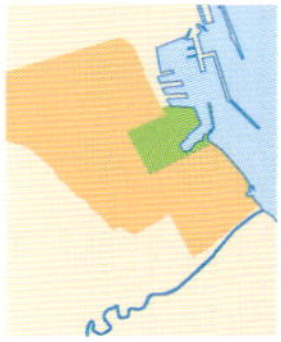

Loti à proximité de l'ancien port de la cité, autrefois défendu par la forteresse normande du « castello a mare », le mandamento de la Cala fut dénaturé par l'ouverture de la Via Roma à la fin du 19ᵉ s. et fortement endommagé par les bombardements de 1943. Le port animait une intense activité commerciale à laquelle prenaient part les communautés d'Amalfi, de Pise, de Lucques, de Gênes et du pays catalan. Les marchands se réunissaient dans des logge (loges), qui donnèrent au quartier son autre nom, la Loggia. L'empreinte commerciale du quartier se retrouve au marché de la Vucciria.

▶**Accès :** des Quattro Canti, continuez sur la Via Vittorio Emanuele vers le port.
Plan de quartier p. 50-51. Plan détachable DF4-5.

SAN MATTEO

Via Vittorio Emanuele 247 - ✆ 329 61 98 263 - 10h30-18h30 (17h30 en hiver) - fermé dim. - 2 €.
Construite vers 1650, l'église présente une façade à trois ordres, sur laquelle le jeu des niches et des surfaces en saillie crée des effets très nets d'ombre et de lumière chers au baroque.
L'ensemble décoratif du riche **intérieur** reflète le lien de l'église avec l'Union des Miseremini, fondée dans le but de célébrer des messes pour sauver les âmes du purgatoire. Parmi les précieuses œuvres d'art conservées ici figurent deux belles toiles de **Pietro Novelli** *(Présentation au Temple* et *Noces de la Vierge, 4ᵉ chapelle des bas-côtés)*, les fresques du 18ᵉ s. des voûtes et de la coupole de Vito d'Anna et, de **Giacomo Serpotta**, les statues *Foi* et *Justice* sur les côtés du chœur et la lunette avec le Christ qui libère les âmes du Purgatoire sur la contre-façade.
Tournez à gauche sur la Via Roma.

VIA ROMA

L'artère principale du quartier, ouverte entre 1894 et 1936, relie la Stazione Centrale, gare principale de Palerme, au quartier du Teatro Politeama. Les élégants édifices qui s'alignent sur ses côtés (Palazzo delle Poste, Teatro Biondo, Palazzo del Banco di Sicilia) forment un contraste prononcé avec l'entrelacs de ruelles populaires qui descendent vers le port.

SAN DOMENICO★

Piazza San Domenico - ✆ 091 58 91 72 - www.domenicani-palermo.it - 9h30-12h30 (13h dim.) - fermé lun.
Une statue de la Vierge sur une colonne (1726) domine la belle **place** où s'élève majestueusement l'église. Commencée au 17ᵉ s., San Domenico

RomanBabakin/iStock

La Cala, le quartier du port.

est le **panthéon de Palerme** : Serpotta y repose, ainsi que, parmi bien d'autres, le peintre Pietro Novelli, le patriote Rosolino Pilo, le grand entrepreneur et mécène Vincenzo Florio, le magistrat **Giovanni Falcone**, assassiné par la Mafia le 23 mai 1992. Son imposante **façade★** baroque (1726), répartie sur trois ordres rythmés par des colonnes doriques et corinthiennes, est enrichie de sculptures de Giovanni Maria Serpotta, le neveu de Giacomo, qui encadrent la statue de saint Dominique.

À **l'intérieur**, remarquez le décor en marqueterie de marbres polychromes dans la chapelle San Giuseppe *(4e à droite)*, ainsi que le polyptyque de la chapelle du Rosaire *(transept gauche)*.

La **sacristie** conserve de belles stalles en bois du 18e s. Un joli **cloître** du 14e s. à colonnettes géminées (vestige de l'église médiévale d'origine) jouxte le côté gauche du bâtiment.

MERCATO DELLA VUCCIRIA

Autour de la Piazza Caracciolo et de la Via Argentari se tient depuis le 11e s. le **marché de la Vucciria**, dont le nom dérive du français « boucherie », bien que d'autres avis l'associent aux *voci* (voix) des marchands qui interpellent le client. C'est le marché peint sur la toile de Renato Guttuso conservée à l'université de Palerme (*p. 40*).

Teatro Massimo
Museo Archeologico Regionale Salinas
Sant'Ignazio all'Olivella
Piazza dell'Olivella
Oratorio di Santa Caterina d'Alessandria
Oratorio di San Filippo Neri
Prefettura
ORATORIO DI SANTA CITA
Santa Cita
Palazzo Branciforte
Santa Maria in Valverde
ORATORIO DEL ROSARIO
San Domenico
Mercato della Vucciria
San Matteo
Quattro Canti
Pza Spinuzza
Via Bara all'Olivella
Via dell'Orologio
V. Maqueda
Via Roma
Via Squarcialupo
V. Emerico Amari
V. Principe di Belmonte
V. Principe di Granatelli
V. Mariano Stabile
V. Ammiraglio Gravina
V. Michele Amari
V. Riccardo Wagner
V. Ruggero Settimo
V. Di Stefano
V. Giovan Battista Guccia
V. Valerio Villareale
V. Cerda
V. Rosolino Pilo
V. Narciso Cozzo
V. Giovanni Lucifora
V. Villaermosa
V. Generale Vincenzo Magliocco
V. Sperlinga
V. Camillo Benso di Cavour
V. Conte
V. Salvatore Spinuzza
V. Pignatelli Aragona
V. Volturno
V. Ottavio D'Aragona
V. Francesco Bentivegna
V. Francesco Crispi
V. Fonderia
V. Oretea
V. Onorato
V. Guardione
V. Vincenzo Riolo
V. Principe di Scordia
V. Carella
V. Lampedusa
V. Sta Maria del Piliero
V. Valverde
V. Antonio Gagini
V. Monteleone
V. Epicarmo
Vicolo S. Basilio
V. S. Basilio
V. Bandiera
V. Trabia
V. Ciro Scianna
Vicolo Gulì
V. Alessandro Scarlatti
V. Gioacchino Rossini
V. Gaetano Donizetti
V. Alberto Favara
V. Mura di S. Vito
V. S. Gregorio
V. Ugo Antonio Amico
V. Principe di S. Giuseppe
V. Francesco Raimondo
V. Sant'Agostino
V. della Ruota
V. dello Spirito Santo
Vicolo degli Orfani
V. delle Sedie Volanti
V. Judica
Vicolo Panneria
Vicolo Travicelli
Vicolo delle Api
Vicolo Catalano
Vicolo dei Caldomai
V. Candelai
V. Bari
V. Napoli
V. Venezia
V. Antonino Borzì
Discesa Maccheronai
V. Coltellieri
V. Giovanni
Sal. Castellana
Vicolo Mori
Vicolo Paterno
Vicolo S. Matteo
Vicolo Marotta
Vicolo Ragusi
V. del Celso
V. Beati Paoli
V. Genova
V. Sam
P

LA CALA
0
100 m
N
Banchina Sammuzzo
V. Alessandro Volta
Galileo Ferraris
V. Filippo Patti
V. Filippo Patti
V. Francesco Crispi
V. Prima Castello
Castello a Mare
Area archeologica di Castello a Mare
V. Gaspare Bivona
V. Gaspare Bivona
San Giorgio dei Genovesi
32
Castello
V. Francesco Crispi
V. Fratelli Orlando
V. Fratelli Cianciolo
LA CALA
V. Cala
V. Cala
Cala
V. Cala
Loggiato di San Bartolomeo
Porta Felice
Santa Maria della Catena
Passeggiata delle Cattive
Museo Internazionale delle Marionette-Pasqualino
9
V. S. Sebastiano
V. Tavola Tonda
V. Giovanni Meli
17
V. Materassai
Cassari
28
V. Porto Salvo
Emanuele
Sal. della Intendenza
Vicolo del Sant'Uffizio
7
Palazzo Butera
25
9
11
V. dei Tintori
Vittorio
Piazza Marina - Giardino Garibaldi
Palazzo Chiaramonte-Steri
10
25
Palazzo Lo Mazzarino-Merlo
V. Chiavettieri
V. Garraffello
V. Terra delle Mosche
V. Argenteria
dei Frangiai
1
V. Bottai
V. del Parlamento
Via
23
Genio di Palermo
9
21
ORATORIO DI SAN LORENZO
San Francesco d'Assisi
Vicolo Palagonia all'Alloro
V. 4 Aprile
Santa Maria della Pietà
San Mattia
V. Torremuzza
Galleria Regionale della Sicilia
11
Alloro
3
V. dei Cartari
Merlo
Palazzo Mirto
Lungarini
V. Francesco Daniele
Vicolo Cefalà
V. Pappagallo
V. del Pappagallo
La Gancia-Santa Maria degli Angeli
19
V. Alessandro Paternostro
V. Maletto
Via
V. della Vetriera
Santa Teresa alla Kalsa
V. Savona
14
V. Malta
V. Calascibetta
Oratorio dei Bianchi
Sant'Anna
Lo Cavalieri

51

SE RESTAURER
A'Cuncuma 15
Aja Mola 9
Antica Focacceria San Francesco 19
Buatta 21
Casa del Brodo 23
CiCala 32
Franco U'Vastiddaru 1
FUD Bottega Sicula Palermo 29
Gagini Social Restaurant 11
Granatelli Pizza e Cucina 33
I Cuochini 30
Ke Palle 27
L'Ottava Nota 25
Mercato Excelsior 18
Osteria Ballaró 14
Pani c'a' meusa Porta Carbone 28
Ristorante Palazzo Branciforte 26
Tritalo 34

PRENDRE UN VERRE
Al Cassaro 3
Antico Caffè Spinnato 2
Bar Touring 16
Brioscià 24
Caffetteria Tetathè 18
Cioccolateria Lorenzo 11
Gelateria Cappadonia 1
Gelateria La Kala 17
Pasticceria Costa 9
SpremiAmo - La Frutta di Sicilia 20
Vespa Café 19

SHOPPING
Emporio Pizzo Free 9
I Peccatucci di Mamma Andrea 19
Libera - Bottega dei Sapori e dei Saperi della Legalità 2
MadoniEAT 25
Mercato della Vucciria 12
Palermo Football Store 13
Rizzo Manufacture Store 20
Siculamente 16
Vuedu Factory Shop 21

SORTIR
Antonio Pasqualino 7
Champagneria bottiglieria del Massimo 2
Figli d'arte Cuticchio 9
Politeama Garibaldi 5
Taverna Azzurra 25
Teatro Massimo 6

SE LOGER
B&B 22 9
Hotel Federico II Central Palace 4
Hotel Porta Felice 10
Palazzo del Poeta 11
Posta 6

Jadis vibrant et pittoresque, il a été surclassée par les marchés plus typiques de Ballarò *(p. 110)* et du Capo *(p. 111)*.
Sur la **Piazzetta del Garraffo** subsiste une des plus anciennes représentations du **genio di Palermo** *(p. 47)* : celle-ci est signée par Pietro de Bonitate et date de 1483. Sur la **Piazza Garraffello**, plutôt décatie, se dresse le palais **Lo Mazzarino-Merlo**, où naquit en 1576 Giovan Pietro Mazzarino, père du futur ministre de Louis XIII puis d'Anne d'Autriche.
Revenez sur la Piazza San Domenico.

ORATORIO DEL ROSARIO (OU DE SAN DOMENICO)★★★

Via dei Bambinai 2- ✆ 091 33 27 79 - 9h-18h (hiv. 9h-14h) - 6 € billet combiné avec l'Oratorio di Santa Cita.
Rien ne laisse présager la surprise qui vous attend derrière la porte discrète de cet édifice bâti en 1573. Peu d'oratoires à Palerme renferment autant de richesses artistiques que celui-ci. Quatorze tableaux, peints par **Borremans, Novelli** et **Luca Giordano**, illustrent les mystères joyeux *(mur de gauche)*, les mystères douloureux *(mur de droite)* et les mystères glorieux *(mur du fond)*.
Sur le mur de droite, remarquez la *Flagellation* de **Mathias Stomer** et, au-dessus de l'autel, la splendide *Vierge du Rosaire*, d'**Antoon Van Dyck** (1628), avec saint Dominique et les saintes patronnes de Palerme (notez l'ange incommodé par la puanteur de la peste dont sainte Rosalie a

délivré Palerme en 1624, ce qui lui valut l'honneur d'être décrétée sainte patronne de la ville).
Pour adoucir tant de rigueur religieuse, la main de **Giacomo Serpotta** a parsemé l'endroit d'une multitude de *putti* facétieux, aux bras potelés et au sourire malicieux, sous la surveillance bienveillante des Vertus qui encadrent les œuvres peintes. Voyez également la vertigineuse chute du diable, dans l'une des scènes de l'Apocalypse (*au-dessus du tableau de Stomer*). Même sensation de vertige, mais dans un contexte plus joyeux, avec les angelots qui soutiennent un drapé sous la coupole située au-dessus du maître-autel. L'artiste a signé d'un petit lézard grimpant sur la colonne au côté de la Force. Sous la voûte, une fresque de Pietro Novelli met en scène le *Couronnement de la Vierge*.
Poursuivez sur la Via Squarcialupo.

SANTA MARIA IN VALVERDE

Via Squarcialupo 2 - ✆ 091 33 27 79 - tlj sf dim. 9h-18h.
On accède à cette petite église en franchissant l'élégant porche de marbre de **Pietro Amato** (1691). L'**intérieur** est un festival de décoration baroque, avec plusieurs marbres, qui s'adoucit en délicates draperies sous les autels latéraux. Remarquez, dans la chapelle dédiée à sainte Lucie *(1re à droite)*, les jeux de perspectives raffinés créés à partir des marbres.

SANTA CITA (SAN MAMILIANO)

Via Squarcialupo 1 - ✆ 091 60 90 308 - tlj sf dim. 9h-18h.
Gravement endommagée par les bombardements de 1943 (à la suite desquels les bas-côtés furent détruits), l'église conserve un bel **arc de marbre★** d'**Antonello Gagini**

Le secret de Serpotta

Chez les Serpotta, on sculpte de père en fils : du père, Gaspare, au fils aîné, Giacomo, en passant par le cadet Giuseppe et le fils de Giacomo, Procopio. Comme c'était souvent le cas à l'époque, on ne signait pratiquement jamais les œuvres, la plupart du temps réalisées collectivement. Excepté dans le cas des Serpotta... Dans la famille, c'était Giacomo (1656-1732) qui avait du génie, et il le savait. Contrairement aux usages, il signait toutes ses œuvres, mais pas de son nom : un lézard ou un serpent, parfois un escargot rampant sur une colonne de stuc, incarnaient discrètement la marque de l'artiste. Pourtant sa technique n'avait rien de révolutionnaire : comme depuis deux mille ans, il mélangeait de la chaux éteinte avec du sable de rivière et un liant, de la colle obtenue à partir de peau de lapin. Il recouvrait de ce mélange une armature en fil de fer, relativement grossière mais qui devait être de proportion parfaite, car le moindre défaut était augmenté par l'application du stuc. Ensuite, il fallait modeler rapidement la sculpture avant que le mélange ne durcisse. Pour finir, et c'était l'innovation apportée par Giacomo, il procédait à l'application d'une fine couche de chaux mélangée à de la poudre de marbre, qui donnait au stuc l'aspect de la pierre dure.

G. Baviera/Sime/Photononstop

Détail de l'Oratorio di Santa Cita.

(dans le chœur). À l'intérieur de l'arc sont représentées la Nativité et la dormition; dans les panneaux des piliers, on peut voir des saints dominicains, tandis que dans les deux médaillons ronds, aux angles, figurent saint Thomas d'Aquin et saint Pierre. Les huit panneaux des intrados représentent des épisodes de la vie de sainte Cita. Remarquez tout particulièrement la **chapelle du Rosaire** *(à droite du chœur)*, dans laquelle des marqueteries polychromes s'harmonisent avec de délicats stucs. Depuis la chapelle, à gauche du chœur, on descend à la **crypte de la Cappella Lanza**, ornée de marbres variés.

ORATORIO DI SANTA CITA★★★

Via Valverde 3 - ✆ 091 33 27 79 - 9h-18h (hiver 9h-14h) - 6 € billet combiné avec l'Oratorio di San Domenico.

Giacomo Serpotta atteint ici le sommet de son art. C'est un lâcher d'angelots qui jouent à cache-cache, grimpent sur les corniches, lustrent les blasons, se chatouillent, vous regardent malicieusement au travers des guirlandes de fleurs, nouent pensivement leurs mains autour de leurs genoux ou tournent tout bonnement le dos au visiteur. On ne se lasse pas de les regarder en se demandant comment arriver à prier sans être distrait par cette bande de joyeux lurons au-dessus de la tête. Après tout, l'oratoire était destiné à réciter trois chapelets (150 Ave Maria tout de même) tout en méditant sur les vingt mystères du Rosaire, pas tous joyeux. Édifié en souvenir de la victoire des Espagnols sur les Turcs à la bataille de Lépante (7 octobre 1571) marquant la victoire du christianisme sur l'islam, l'oratoire honore le sujet, sur le mur du fond, par un haut-relief enchâssé sous un drapé que des *putti* s'évertuent à soutenir. La scène est complétée par deux jeunes hommes : à gauche le vainqueur, la tête levée ; à droite le vaincu, les yeux baissés. Tout autour, les *teatrini*, des petites scènes de théâtre caractéristiques de Serpotta, retracent les mystères du Rosaire. Les Vertus qui cernent les fenêtres portent chacune un attribut doré ; cherchez le miroir où vient s'enrouler un serpent qui dessine un S, la signature de Serpotta. En haut au centre, le *Couronnement de Marie*. Au-dessus de l'autel, une toile de **Carlo Maratta** représente *La Madone du Rosaire* (1690). Avant de partir, remarquez le pavement de marbre et la marqueterie aux incrustations de nacre des deux bancs adossés aux murs, réalisés par Giuseppe Porrizzo en 1702.

Non loin de là, sur la place du même nom, s'élève l'église **San Giorgio dei Genovesi** *(9h-13h)*, l'un des rares exemples de style Renaissance tardif à Palerme. Elle a été édifiée par la communauté des marchands génois, dont on voit ici de nombreuses sépultures, avec de belles pierres tombales.

AREA ARCHEOLOGICA DI CASTELLO A MARE

Via Filippo Patti - ✆ 091 70 71 317 9h-13h30, mar. et sam. 9h-17h - fermé dim. - 2 €.

Devant l'église, au-delà de la Via Crispi, s'étend une zone archéologique présentant des témoignages de l'urbanisme médiéval. En son centre se dressent les vestiges du **Castello a Mare**, la forteresse normande qui protégeait la ville, mutilée en 1922 par l'agrandissement du nouveau môle. Transformée à maintes reprises, elle a servi tour à tour de forteresse, de prison et de résidence.

Tournez à gauche sur la Via Cavour.

Le bâtiment de la **Prefettura**, de style néogothique vénitien, était autrefois la Villa Whitaker, construite par l'un des douze neveux de l'entrepreneur Ingham (*p. 64*).

Tournez à gauche sur la Via Lampedusa pour rejoindre la Via Bara all'Olivella.

PALAZZO BRANCIFORTE★

Largo Gae Aulenti, 2 - ✆ 091 88 87 767 - www.palazzobranciforte.it - visite guidée (40mn) tlj sf lun. 9h30-19h30 (14h30 nov.-févr.) - 7 €.

Remanié et agrandi jusqu'à doubler sa superficie, le palais remonte à la fin du 16e s. g et confia sa rénovation à l'architecte **Gae Aulenti**. Il conserve des fonds variés : au rez-de-chaussée les collections archéologiques (remarquable ensemble de vases grecs mis au jour à Selinonte, dont de magnifiques **cratères attiques**

Les qanat

*Les **qanat** sont des canaux artificiels souterrains qui prélèvent l'eau des nappes et la transportent sur plusieurs kilomètres grâce à une inclinaison à peine perceptible. Imaginés en Perse au 7e-6e s. av. J.-C., ils se sont généralisés en Occident après la chute de l'Empire romain. Les qanat actuellement visibles à Palerme datent de l'époque normande. Leur visite est une expérience qui sort de l'ordinaire : équipé d'un casque de spéléologie, vous vous enfoncerez quelques mètres sous terre et parcourrez des canaux étroits avec un guide du CAI (Club alpin italien). Il est conseillé de porter un maillot de bain sur lequel vous enfilerez une combinaison imperméable (mais n'espérez pas rester sec !), d'emporter avec vous de quoi vous changer ainsi qu'une serviette de toilette. Réserv. quelques jours à l'avance auprès du CAI Palermo - ✆ 091 32 94 07 - www.gscaipalermo.com - visite env. 1h30 - 10 €.*

à figures noires ou rouges) et les majoliques ; au 1er étage monnaies, timbres, estampes et dessins dédiés au Grand Tour, sculptures des 19e-20e s. et une riche bibliothèque. D'ici, on accède au joyau du palais : le **Monte di Santa Rosalia★**, à la surprenante structure en bois du 19e s. La salle accueille aujourd'hui une belle collection de *pupi* de la famille Cuticchio.

Le complexe du Palazzo Branciforte comprend aussi la *Città del Gusto*, école de cuisine du Gambero Rosso, et un restaurant gastronomique.

PIAZZA DELL'OLIVELLA

Difficile de résister à la tentation de faire une halte sous les parasols de cette place accueillante et harmonieuse, dominée par la façade imposante de l'église qui en occupe presque toute la longueur.

SANT'IGNAZIO ALL'OLIVELLA

Piazza dell'Olivella - 8h-10h, 17h-18h30. Cette belle église baroque commencée à la fin du 16e s., s'élève sur l'emplacement, dit-on, d'une villa ayant appartenu à la famille de sainte Rosalie. Remarquez les deux campaniles qui allègent la composition de la façade.
À l'**intérieur**, on est frappé par l'inscription flamboyante du chœur, portant le nom de Yavhé au centre d'une formation de nuages et d'éclairs. La 2e chapelle de droite est particulièrement riche en marqueteries polychromes de marbres et pierres semi-précieuses.

MUSEO ARCHEOLOGICO REGIONALE SALINAS★★

Piazza dell'Olivella 24 - ✆ 091 61 16 805 - www.regione.sicilia.it/bbccaa/salinas- 9h-18h (dim. 13h30) - fermé lun. - 6 €. Les travaux de réaménagement encore en cours au moment de la rédaction de ce guide comportent la fermeture des salles du 1er et du 2e étage.
Logé dans le couvent dell'Olivella (16e s.), le musée a été fondé au 17e s. par les pères philippins, en même

temps que l'église baroque voisine. La présentation s'organise autour du **petit cloître★**, orné d'une fontaine hexagonale, du **grand cloître** et des deux étages du couvent.

L'organisation des collections suit le rythme des acquisitions et des donations faites au musée. Le rez-de-chaussée expose les collections les plus anciennes (18e-19e s.) et les vestiges mis au jour pendant les grandes campagnes de fouilles dans la région. Au 1er étage sont présentées les acquisitions du 19e s. et les donations des Bourbons, tandis que le 2e étage est dédié à l'histoire de la Sicile, de la préhistoire à l'époque romaine. L'importante section consacrée à **Selinonte** se taille une part de choix, dont le clou est un ensemble de métopes.

Les petites **métopes★** du temple Y, réutilisées dans les murs fortifiés de la période hellénistique (4e-3e s.), sont les plus anciennes et datent de 560-550 av. J.-C. Elles représentent le sphinx, l'enlèvement d'Europe par Zeus transformé en taureau et les dieux vénérés à Selinonte (la triade apollinienne – Apollon, Artémis et leur mère Latone –, Déméter et Perséphone). Elles semblent indiquer qu'il existait dans cette ville une école de sculpture locale.

Les trois magnifiques **métopes★★** du temple C, probablement dédié à Apollon (540-510. av. J.-C.), conservent encore des traces de polychromie sur les vêtements et les corps. Le relief, presque entièrement en ronde bosse, représente Persée tranchant la tête de la Gorgone Méduse, qui tient dans ses bras Pégase, cheval ailé né de son sang *(scène centrale)* ; le quadrige d'Apollon, dieu du Soleil *(à gauche)* ; Hercule capturant les Cercopes (deux frères voleurs) qu'il suspend à un bâton *(à droite)*. Ces œuvres illustrent une parfaite maîtrise de l'art de la composition.

Les quatre **métopes★★** du temple E, dédié à Héra (460-450 av. J.-C.), sont peut-être les plus belles pour leur expression, leur sens du mouvement et leur réalisme qui leur confèrent un caractère tout à fait actuel. À partir de la gauche, on reconnaît Hercule luttant contre une Amazone ; Héra et Zeus (assis, il soulève le voile de son visage) ; la métamorphose d'Actéon en cerf (on entrevoit le museau de l'animal derrière la tête d'Actéon attaqué par les chiens) ; Athéna luttant contre le Géant Encélade.

Du côté nord du cloître est exposé le produit des fouilles de la région : Centuripe (beaux **vases** roses du 3e-2e s. av. J.-C. – qu'on pourrait croire de goût rococo), Tindari (vase à figures rouges provenant de Falcone), Solunto (deux sarcophages du 5e s. av. J.-C.) et Mozia (statue du Stagnone du 6e s. av. J.-C.). Pièce phare du musée, un **bélier★★** provenant de Syracuse affiche un réalisme étonnant. Ce bronze hellénistique du 3e s. av. J.-C. (quoique des interprétations récentes penchent plutôt pour les 1er-2e s.) a été réalisé avec une précision d'orfèvre. Il faisait partie d'une paire qui ornait le palais des tyrans de la ville, sur l'îlot d'Ortygie.

Les collections comprennent aussi des **sculptures** et des **bronzes** (époques grecque, romaine et carthaginoise),

dont quelques pièces exceptionnelles comme **Hercule abattant un cerf★**, probable ornement central d'une fontaine. Une statuette de marbre d'un **Satyre versant à boire★** est une copie romaine d'une œuvre de Praxitèle. Le musée possède aussi un riche ensemble de **céramiques grecques★**, de mosaïques et de fresques romaines : citons **Orphée parmi les animaux★★** (3e s. apr. J.-C.) et la **mosaïque des Saisons★**, représentations allégoriques et mythologiques étroitement liées au monde dionysiaque.
Le musée présente enfin le plus riche ensemble d'**art étrusque** hors de Toscane, notamment grâce à l'apport de la collection Casuccini : sarcophages, terres cuites, pièces sculptées en albâtre, urnes funéraires et *buccheri* (céramiques).

ORATORIO DI SAN FILIPPO NERI

Via Roma 320/A - ✆ 091 60 91 324 - www.oratoriosanfilipponeripalermo.org - 6h45-11h, 17h-19h30.
L'oratoire est l'œuvre de l'architecte **Venanzio Marvuglia**. L'intérieur renferme les stucs de la Gloire, un bel ange entouré d'une ronde de *putti* dansant par petits groupes, œuvre d'**Ignazio Marabitti**, considéré comme l'un des meilleurs sculpteurs palermitains de la deuxième moitié du 18e s.

ORATORIO DI SANTA CATERINA D'ALESSANDRIA

Via Monteleone 50 - ✆ 339 42 12 314 - oct.-mars : vend.-dim. 9h30-13h, 14h30-18h - 2,50 €.
Les stucs de **Procopio Serpotta**, même s'ils sont plus figés et moins vivants que ceux de son père, Giacomo, représentent avec élégance et rigueur diverses scènes de la vie de sainte Catherine, protectrice des savants, ainsi que les allégories de la science. Le plafond est orné de précieuses décorations à ramages.

VIA DELL'OROLOGIO

Comme sa parallèle, la **Via Bara all'Olivella,** cette ruelle pietonne est animée de boutiques artisanales, de cafés et de bistrots. Elle offre une jolie perspective sur un des deux clochers de l'église Sant'Ignazio (*p. 56*), qui est probablement à l'origine de son nom.

Il Capo et la ville nouvelle★

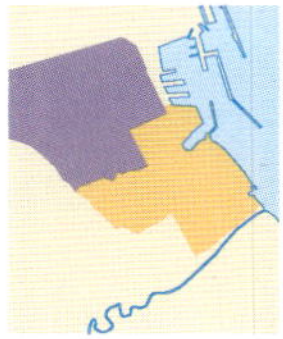

Dans le quartier d'artisans et de commerçants du Capo vivait une population islamique. Le marché éponyme rappelle l'activité originelle de cette partie de Palerme. Au 19e s., les classes aisées délaissent la Via Maqueda pour la Via della Libertà, qui la prolonge vers le nord. La promenade le long des rues XX Settembre, Dante et Siracusa donne une idée des fastes de la haute bourgeoisie palermitaine fin de siècle, dont les demeures du plus beau style Liberty s'élèvent dans les rues de ce qui fut appelé la ville nouvelle.

▶**Accès :** En partant du Teatro Massimo, vous pouvez marcher jusqu'au Teatro Politeama. À partir de la Piazza Castelnuovo, les sites décrits se trouvent à 20 ou 30mn de marche. Il est possible de les rejoindre en transports en commun. Pour la Via della Libertà, bus 101, 806 et 812 de la Piazza Castelnuovo ou 102, 104 et 106 de la Via Bertolino Puglisi. Pour la Villa Malfitano et le Villino Florio, bus 106 de la Piazza Castelnuovo

Plan de quartier p. 62-63. Plan détachable AD 1-4.

Au début du 19e s., Palerme connaît une période d'expansion remarquable. Des palais de toute beauté surgissent dans la zone nord-ouest, quartier recherché par la nouvelle bourgeoisie des chefs d'entreprise. Le nouveau style Liberty, à base de fer forgé et de verre, agrémenté de motifs floraux, s'épanouit alors et de grands temples de la musique lyrique, les théâtres Massimo et Politeama Garibaldi, y voient le jour.

TEATRO MASSIMO★★

Piazza Verdi – ✆ 091 60 53 267- www.teatromassimo.it - visite guidée (30mn) aussi en français 9h-17h - 8 €, visite aux terrasses sur RV 20 €.

Sous la protection de la statue de Giuseppe Verdi se tient l'un des plus grands théâtres lyriques d'Europe. Commencé par **Giovan Battista Basile** en 1875, il a été achevé par son fils **Ernesto**. L'édifice présente un imposant fronton triangulaire néoclassique porté par six colonnes, qui fait penser au *pronaos* d'un temple classique. Derrière, la vaste coupole élevée sur un haut tambour évoque l'Orient. Le style Liberty est représenté par les deux petits kiosques caractéristiques que l'on aperçoit sur le devant (œuvres d'Ernesto Basile) : à droite, le kiosque Vicari al Massimo, en bois et fer forgé ; à gauche, le Ribaudo, en métal uniquement. Avec sa jauge

Teatro Massimo.

de 1390 spectateurs, ce théâtre majestueux est le troisième en Europe par sa taille, après ceux de Paris et de Londres. Le magnifique **intérieur★★** est décoré avec élégance ; les luminaires à fleurs qui ornent chaque niveau de loges sont tous différents. Le plafond de la salle de spectacle arbore une somptueuse roue dorée où est représenté le **Triomphe de l'art lyrique** (les pétales de cette fleur peuvent s'ouvrir pour une meilleure circulation de l'air). L'ensemble de la salle est en bois de cerisier, bien connu pour ses qualités acoustiques. Remarquez aussi la Salle pompéienne, de forme ronde.
La **montée aux terrasses** vaut la visite pour la magnifique vue qui s'ouvre sur la ville.

SANT'AGOSTINO★

Via Francesco Raimondo, 3 - ✆ 091 58 46 32 - 7h-12h, 16h-19h - fermé dim. apr.-midi.
Aussi appelée Santa Rita, l'église du 13e s. a été édifiée à la demande des familles Chiaramonte et Sclafani. Sa **façade★** s'orne d'un portail à motifs géométriques et floraux bicolores, surmonté d'une rosace. Un deuxième très beau portail, qui donne sur la Via Sant'Agostino, est l'œuvre de Gagini. L'**intérieur**, dominé par les modifications de style baroque, a conservé des stucs de l'école de Serpotta. Remarquez sur le socle de la seconde statue de droite la signature de Giacomo Serpotta (le lézard, *serpe*

en sicilien). Du bas-côté gauche, on accède au joli cloître.

MERCATO DEL CAPO

Le très populaire marché du Capo, l'un des quatre marchés historiques de la ville, déploie tous les matins ses stands animés le long de la Via Sant'Agostino et de la Via Bandiera, pour se poursuivre jusque dans la Via Beati Paoli et la Via Porta Carini (*p. 111*).

PALAZZO DI GIUSTIZIA

Piazza Vittorio Emanuele Orlando.
Précédé par l'église de l'**Immacolata Concezione** – dont la simplicité de la façade contraste avec les fastes baroques de l'intérieur –, ce bâtiment monumental typique du style rationaliste en vogue pendant le régime fasciste (son édification commença en 1938) a été le siège de plusieurs procès contre la Mafia. Au bâtiment historique s'est ajouté en 2002 un nouveau palais, séparé de l'ancien par une ample place piétonne appelée **Piazza della Memoria** et dédiée aux magistrats victimes de la Mafia.
Revenez sur la Via Maqueda et tournez à gauche.

TEATRO POLITEAMA

Piazza Castelnuovo.
L'imposant théâtre se dresse sur la vaste Piazza Castelnuovo, carrefour névralgique de la ville. De style néoclassique, comme le Teatro Massimo, l'édifice est couronné d'un élégant quadrige de chevaux de bronze.

VIA DELLA LIBERTÀ

Le quartier du Politeama et l'élégante Via della Libertà, qui démarre de la Piazza Castelnuovo, sont le haut lieu du shopping de luxe de la ville. Les rues qui s'étendent au nord du boulevard conservent de beaux palais Liberty. À l'angle de la Via XX Settembre et de la Via XII Gennaio, par exemple, on reconnaît le **Palazzo Dato** aux drapés de couleur rose qui embellissent ses murs. Au n° 15 de la Via Siracusa, le **Villino Ida** montre un balcon en fer forgé souligné d'une frise en majolique. Sur la Piazza Virgilio, enfin, la **Villa Favaloro Di Stefano** est l'œuvre du célèbre Ernesto Basile.
Le **Giardino Inglese** (*Via della Libertà - 9h-19h -* ***plan détachable C2***), aujourd'hui appelé Piersanti Mattarella (*p. 20*), remarquablement entretenu et animé (*concerts fréquents*), avec ses palmiers, ses plantes grasses, ses pins maritimes et ses *Ficus magnolioides*, est l'une des destinations prisées des Palermitains à la belle saison.

VILLA ZITO

Plan détachable C1-2
Via della Libertà 52 - ✆ 091 77 82 180 - www.villazito.it - tlj sf mar. 9h30-19h30 (14h30 nov.-fév.) - 5 €.
Cette belle villa, dont la fondation remonte au 18e s., a été achetée par la Fondazione Sicilia pour conserver et exposer ses collections d'art du

IL CAPO ET LA VILLE NOUVELLE
0
100 m
N
Villa Trabia
Villino Ida
Teatro Politeama
Palazzo Dato
PIAZZA CASTELNUOVO
Villa Favaloro Di Stefano
PIAZZA S. OLIVA
PIAZZA S. FRANCESCO DA PAOLA
VILLA FILIPPINA
Teatro Massimo
Immacolata Concezione
Palazzo di Giustizia
Piazza della Memoria
Mercato del Capo
Sant'Agostino
Via della Libertà
V. Archimede
V. Agrigento
V. Siracusa
Trapani
Messina
V. Enrico Parisi
V. Gennaio
V. Torrearsa
V. Nicolò Gallo
V. Quintino
Mazzini
Ricasoli
Isodoro Carini
Via Bertolino Puglisi
V. Emerico Amari
V. Riccardo Wagner
V. Principe di Belmonte
V. Di Stefano
V. Valerio Villareale
V. Mariano Stabile
V. Generale Vincenzo Magliocco
Sperlinga
V. Pignatelli Aragona
V. Volturno
V. Mura di S. Vito
V. S. Gregorio
V. Gaetano Donizetti
V. Judica
V. dello Spirito Santo
Collegio Giusto
Vicolo Nuovo
V. 20 Settembre
V. Nicolò Garzilli
V. Principe di Villafranca
Villafranca
V. Benedetto D'Acquisto
Paolo Paternostro
V. Salvatore Meccio
Velasquez
V. Gaetano Abela
V. Sant'Oliva
V. Dante
Francesco Ferrara
Marconi
V. Saverio Cavallari
V. Principe
V. Sammartino
V. Giovanni Battista Filippo Basile
Guglielmo
Malaspina
Cusmano
V. Giacomo
V. Selinunte
Segesta
V. Catania
V. Ragusa
V. Giuseppe La Farina
Costantino Nigra
V. Caltanissetta
Noto
V. Cantiere Finocchiaro
V. del Fervore
V. Brunetto Latini
V. Giorgio Gemmellaro
V. Pietro D'Asaro
Houel
Passaggio Fausto Orestano
Cluverio
V. Filippo Juvara
Vito
Florio
Villa
Re
V. Mario Cutelli
Goethe
V. Nicolò Turrisi
V. Villa Filippina
V. Salesio Balsamo
Vicolo Tunisi
Tunisi
Tripoli
V. Antonio
V. Vito D'Anna
La
Giacomo
Serpotta
Pacini
V. Giovanni Veneziano
Mantia
Federico
Polara
Aprile
Finocchiaro
Camillo
Cso.
V. Mario Muta
Vincenzo Miceli
Mogia
Pietro Ranzano
V. Argisto Giuffredi
Lascaris
Pierpaolo Pasolini
Antinori
D'Ossuna
V. Imera
Cso. Alberto Amedeo
Guccia
V. Mura di Pta Carini
V. del Noviziato
Cappuccinelle
Vicolo Giancola
Vicolo Busari
Papireto
V. Matteo Bonello
Vicolo del Carrettieri
V. Gianferrara
Gioiamia
V. Beati Paoli
Vicolo degli Orfani

16e au 20e s. Une partie importante est dédiée aux artistes siciliens du 19e s. : Francesco Lojacono, Antonino Leto, Michele Catti et Ettore De Maria Bergler.

ALBERO DI FALCONE

Plan détachable B2

Via Notarbartolo 23 (qui donne sur la Via della Libertà après le Giardino Inglese).

Juste devant l'habitation de **Giovanni Falcone**, tué par la Mafia en 1992, on peut voir un arbre singulier, qui porte toutes sortes de messages, photos et autres petits objets qui en ont fait un véritable lieu de culte. Autant de marques d'estime et d'affection envers Falcone et Borsellino.

VILLA TRABIA

Plan détachable B2

Via Salinas (à 1,3 km de la Piazza Castelnuovo, env. 15mn de marche : de la Via della Libertà, tournez à gauche à la hauteur du Giardino Inglese sur la Piazza Antonio Mordini, puis à droite sur la Via Marchese Ugo) - accès libre au parc.

Au centre d'un beau parc du même nom s'élève la **villa** du 18e s. qu'acheta au siècle suivant Giuseppe Lanza Branciforti, prince de Trabia et de Butera. Son aspect actuel résulte de nombreuses modifications datant de la fin du siècle dernier, mais elle a conservé son escalier monumental à l'entrée. Elle abrite aujourd'hui des services municipaux.

SE RESTAURER
A'Cuncuma 15
Bisso Bistrot 41
Dainotti's da Arianna 31
FUD Bottega Sicula Palermo 29
Granatelli Pizza e Cucina 33
I Cuochini 30
Il Mirto e la Rosa 24
Ke Palle 27
Kus-kus 35
La Galleria 42
Le Angeliche 20
Mercato Excelsior 18
Ristorante Palazzo Branciforte 26
Sapori Perduti 12
Trattoria Corona 38
Tritalo 34
U Babbio 39

PRENDRE UN VERRE
Al Cassaro 3
Al Gelatone 4
Antico Caffè Spinnato 2
Bar Touring 16
Brioscià 24
Caffetteria Tetathè 18
Gelateria Cappadonia 1
Ideal Caffè Stagnitta 8
Pasticceria Il Piccolo Magrì 5
Pasticceria Costa 9
Premiata enoteca Butticè 22
SpremiAmo - La Frutta di Sicilia 20
Vespa Café 19

SHOPPING
Enoteca Picone 3
Franco Bertolino 5
I Peccatucci di Mamma Andrea 19
Libera - Bottega dei Sapori e dei Saperi della Legalità 2
Mercato del Capo 17
Mercato della Vucciria 12
Mercato delle Pulci 18
Palermo Football Store 13
Rizzo Manufacture Store 20
Siculamente 16
Vuedu Factory Shop 21

SORTIR
Champagneria bottiglieria del Massimo 2
Figli d'arte Cuticchio 9
Politeama Garibaldi 5
Taverna Azzurra 25
Teatro Massimo 6
Teatro Stabile Carlo Magno 8

SE LOGER
Hotel Federico II Central Palace 4
Palazzo del Poeta 11
Posta 6

VILLA MALFITANO★★

Plan détachable AB3
Via Dante 167 (à 1,5 km de la Piazza Castelnuovo, env. 20mn de marche) - ✆ 091 68 20 522 - www.fondazionewhitaker.it - visite guidée (30mn) tlj sf dim. 9h-13h - 6 €; jardin 9h-19h (en hiver 16h).
Noyée dans un très beau **jardin★★**, cette villa Liberty fut construite à partir de 1886 par Giuseppe Whitaker, neveu de l'entrepreneur anglais **Benjamin Ingham** (1784-1861). Établi en Sicile en 1806, ce dernier avait créé un véritable empire commercial en fondant l'une des trois plus grandes entreprises de production de marsala ainsi qu'une compagnie de bateaux à vapeur. La villa fut enrichie de vérandas en fer forgé qui répondaient à l'engouement naissant pour le style Liberty. Celle qui donne sur l'arrière de la maison est vraiment de toute beauté.
L'**intérieur**, très soigné, conserve quelques pièces de mobilier et surtout sa décoration, réalisée par les plus habiles artisans de la région et par les meilleurs peintres siciliens du moment. Ne manquez pas *Safari en Tunisie* de **Francesco Lojacono** *(dans le couloir)* et le portrait au pastel des filles de Giuseppe, par **Ettore De Maria Bergler**, accroché dans le magnifique escalier en spirale au décor de style pompéien (comme les plafonds des couloirs). La villa renferme de nombreux bibelots orientaux, tels le couple d'éléphants

Villa Igiea

*Cette vaste résidence fut édifiée par Ignazio et Franca Florio (**p. 144**) pour y soigner leur fille, Igiea, atteinte de la tuberculose. Sur un projet d'Ernesto Basile, l'édifice néogothique préexistant fut transformé en 1899 en une luxueuse demeure de style exotique, devenue un hôtel de prestige. Pour la richesse des boiseries et de la décoration, on y admire en particulier la salle à manger, aujourd'hui Sala Basile★, œuvre du célèbre artiste Liberty Ettore De Maria Bergler (pour la visiter, renseignez-vous auprès du personnel de l'hôtel). Les photographies d'illustres hôtes de passage, parmi lesquels de nombreuses têtes couronnées d'Europe, ornent les murs des corridors, où l'on flâne comme dans une galerie d'exposition.*

Plan p. 67 B2 *Salita Belmonte 43 - villa-igiea.com.*

en émail cloisonné provenant du palais royal de Pékin, ou celui formé par de grands oiseaux aquatiques posés sur le dos d'une tortue, symbole des quatre éléments. Mais le véritable joyau de la villa demeure le **salon d'été**, dont les murs et le plafond décorés en trompe l'œil donnent au visiteur la sensation d'être dans une fraîche véranda noyée sous la végétation.

VILLINO FLORIO★

Plan détachable B4

Viale Regina Margherita 38 (bus 106 de la Piazza Castelnuovo ou 5mn de marche de la Villa Malfitano) - ✆ 091 70 25 471 - 9h-13h - fermé lun. et dim. - gratuit. Cette demeure pleine de fantaisie fut construite elle aussi par les Florio (*encadré ci-dessus*). Bel exemple du style Liberty à Palerme, entourée à l'origine d'un grand parc, elle est l'œuvre d'**Ernesto Basile**, qui prit soin du moindre détail, de l'architecture au décor. Elle fut vendue en 1918, et ravagée par un incendie en 1962. Plusieurs années de restaurations minutieuses ont restitué le décor et les boiseries d'origine qu'on visite aujourd'hui. De la terrasse, on admire de près les ornements du toit en fer forgé.

M. Marca/Michelin

Villino Florio.

Autour du centre-ville

Déjà à l'époque arabe, des parcs et des « jardins des délices » entouraient la cité portuaire. Le centre-ville est ceint d'édifices de l'époque médiévale, de pavillons de plaisance et de jardins héritiers des désirs de souverains. Sur le Monte Pellegrino, le regard porte loin, tandis que la station balnéaire de Mondello soigne ses plages à quelques encablures du bruit de la ville.

▶**Accès :** Les sites décrits dans ce chapitre forment une couronne autour du centre-ville. Ils sont présentés du sud au nord en suivant le sens des aiguilles d'une montre.

Plan page ci-contre et plan détachable.

▶**Conseil :** Pour visiter les quartiers éloignés du centre-ville, il est indispensable de se munir d'une voiture. On peut rejoindre Mondello par les transport en commun (plutôt long) ou par le bus touristique City Sightseeing Palermo au départ du Teatro Politeama *(juin-sept. - www.palermo.city-sightseeing.it - p. 133).*

SAN GIOVANNI DEI LEBBROSI★

B3 et plan détachable H7 *Via Salvatore Cappello 38 - 16h-19h, dim. 8h30-13h.*

Probablement la plus ancienne église normande de la ville. La petite coupole rosée caractéristique qui couronne le portique-campanile laisse supposer qu'elle fut fondée en 1070 (d'autres soutiennent que ce fut un siècle plus tard).

PONTE DELL'AMMIRAGLIO

B3 et plan détachable G6 *Corso dei Mille.*

Datant de l'époque médiévale, le pont a été construit en 1113 au-dessus de l'Oreto par Georges d'Antioche, amiral de Roger II. La rivière a été déviée depuis.

SANTO SPIRITO (CHIESA DEI VESPRI)

B3 et plan détachable E7 *À l'intérieur du cimetière de Sant'Orsola, sur la place du même nom - ✆ 091 42 26 91 - 9h-12h.*

Élevée en 1178, sous le règne de Roger II, l'église est devenue célèbre le 31 mars 1282, quand éclata la révolte qui marqua le début de la guerre des Vêpres, au terme de laquelle les Siciliens chassèrent les Français (*encadré p. 68*). La façade à saillants est malheureusement incomplète. Sur les côtés et dans les absides, on remarque des arcs entrecroisés bicolores, typiques de l'art normand. L'intérieur, simple et dépouillé (des travaux de restauration à la fin du 19e s. avaient prévu de rétablir son aspect originel en

PALERMO
0
800 m
N
A
B
1
2
3
GOLF DI PALERMO
MONDELLO
PARTANNA
PUNTA DI PRIOLA
Vle Galatea
Vle Principe di Scalea
Vle delle Palme
V. Saline
V. Matei
Lungo
Cristoforo
Colombo
V. dell'Olimpo
V. S. Nicola
Vle Sandro
Pertini
V. Castelforte
V. Marinai
Alliata
Vle Margherita di Savoia
V. Mater Dolorosa
RISERVA NATURALE MONTE PELLEGRINO
Museo Etnografico G. Pitrè
Santuario di S. Rosalia
Palazzina Cinese
Villa Niscemi
VERGINE MARIA
V. Vergine Maria
PATTI
V. Patti
V. S. Lorenzo
V. Florio
Vle Regione Siciliana Nord Ovest
V. Ugo La Malfa
Vle Nuova
V. S. Lorenzo
V. Strasburgo
Parco della Favorita
Vle del Fante
ARENELLA
V. Papa Sergio I
V. Pietro Bonanno
RESUTTANA
V. Belgio
V. Trabucco
Vle Croce Rossa
CRUILLAS
V. Cruillas
Vle Lazio
V. della Libertà
V. Sampolo
ACQUASANTA
Villa Igiea
V. dei Cantieri
V. Badia
Michelangelo
Albero di Falcone
Giardino Inglese
PORTO
Vle
V. Casalini
UDITORE
Villa Trabia
V. Francesco Crispi
Vle Leonardo da Vinci
V. Castellana
V. Emerico Amari
V. Mariano Stabile
Villa Malfitano
V. Dante
V. Noce
V. Ur. 3
BOCCADIFALCO
Foro Umberto I
Palazzo La Zisa
ALTARELLO
V. Roccazzo
Catacombe dei Cappuccini
V. Cappuccini
Pitrè
V. Giuseppe
Amedeo
Cso. Alberto
PALAZZO DEI NORMANNI
V. Roma
V. Lincoln
Ponte dell'Ammiraglio
San Giovanni dei Lebbrosi
V. S. Martino
V. Umberto Maddalena
V. Gaetano La Loggia
Cuba
V. Nave
Calatafimi
Cso.
V. Altofonte
V. Ernesto Basile
V. Gustavo Roccella
S. Spirito
Oreto
V. dell'Orsa Minore
V. Sperone
Cso. dei Mille
V. Due Vannelle
V. Palmerino
Vle Regione Siciliana Sud Est
V. Saitta Longhi
V. Altofonte
V. Albiri
V. Emiro Giafar
V. Salvatore Corleone
/E 90
A 19 / E 90
TRAPANI
PARTINICO
AGRIGENTO CATANIA, MESSINA
TRAPANI MONREALE
SCIACCA
SANTUARIO DI SANTA MARIA DI GESÙ

Les vêpres siciliennes
Charles d'Anjou arrive à Palerme en 1266 grâce au soutien du pape. Les Français sont mal vus de la population, qui les surnomme « baragouineurs », à cause de leur difficulté à prononcer correctement l'italien. Le lundi de Pâques 1282, devant l'église Santo Spirito, à l'heure précise où les cloches sonnent les vêpres, un soldat français insulte une Sicilienne. Furieux, les passants s'en mêlent, la situation dégénère et, avec l'appui de la noblesse locale, la rixe se transforme en une rébellion qui enflamme toute la Sicile. On massacre tous les Français qui ne réussissent pas à prononcer correctement le mot « cicero » (pois chiche), et on chasse les autres. Pierre d'Aragon, époux de Constance de Hohenstaufen, fille de Manfred, est alors appelé à gouverner.

éliminant le lourd appareil ajouté à l'époque baroque), comprend trois nefs, séparées par des arcs en ogives reposant sur des piliers cylindriques. Dans le fond, trois absides, conformément à la tradition normande et, au-dessus de l'autel, un Christ du 16e s. peint sur un panneau de bois.

SANTUARIO DI SANTA MARIA DI GESÙ

Hors plan dir. B3
✆ 091 44 51 95 - 8h-13h.
Élevé en 1426 sur les pentes du mont Grifone, le sanctuaire Ste-Marie-de-Jésus est une oasis de paix et de fraîcheur. L'accès se fait par le cimetière voisin, lieu de sépulture traditionnel des familles nobles.
Le parvis de l'église est entouré de tombes patriciennes de la fin du 19e s. et du début du 20e s., comme la chapelle Liberty des princes Lanza di Scalea. Le portail principal possède une architrave et des montants de marbre, ornés de fins bas-reliefs représentant Jésus parmi les anges et les apôtres. Le portail de gauche, de style gothique, est enrichi de beaux chapiteaux sculptés à motifs de plantes.
À l'**intérieur**, ponctué de deux arcades en ogives, on peut voir une superbe **statue de bois de la Vierge★** (1470). On admire aussi sous le porche de l'église un étonnant **plafond** de bois à caissons, peint de motifs floraux et d'anges (début du 16e s.), et, au-dessus, dans la loge, l'orgue avec son estrade en bois décorée de scènes de la vie de saint François vivement colorées (1932).

LA CUBA★

A3 et plan détachable AB6 *Corso Calatafimi 100 - ✆ 091 59 02 99 - 9h-19h - fermé dim. - 9h-13h30 - 2 €.*
La Cuba était un pavillon d'agrément où le roi normand Guillaume II et sa cour donnaient des fêtes et venaient trouver un peu de fraîcheur. L'édifice était entouré d'un jardin et probablement orné d'un grand lac artificiel. Une maquette reconstituant l'aspect supposé des lieux est exposée dans l'ancienne écurie, à l'entrée sur la droite. Sur le mur, on aperçoit également le moulage de l'inscription coufique mentionnant la date de sa construction : 1180.

L'édifice ruiné, très beau dans la simplicité de son décor, comprend une série d'arcs en ogives allongées de différentes dimensions entre lesquels s'inscrivent d'autres ouvertures.
Sur un plan rectangulaire enrichi de quatre petits avant-corps édifiés au milieu de chacun des côtés, la Cuba se répartissait, à l'intérieur, en trois espaces (le premier, qui est le dernier dans le sens de la visite, possédait aussi deux pièces de service). Dans l'espace central, on distingue encore la forme de la vasque en étoile à huit pointes par laquelle l'eau passait afin de parvenir sans le moindre remous ni la moindre ride dans la *pescheria*, miroir lisse qui reflétait bâtiments et jardins.

CATACOMBE DEI CAPPUCCINI★★

A3 et plan détachable A5 *Via Cappuccini 1- ✆ 329 41 50 462 - 9h-13h, 15h-18h - fermé dim. apr.-midi d'oct. à mars - 3 € - déconseillé aux enfants et aux personnes sensibles.*
Lieu de fascination macabre, les catacombes sont une suite de corridors où sont exposées 2000 momies (en réalité beaucoup sont devenues des squelettes), vêtues de pied en cap. Apparue à la fin du 16e s., et peut-être importée d'Amérique du Sud par les Espagnols, la technique de momification était très onéreuse et donc réservée aux notables et aux membres du haut clergé : frères capucins (les premiers à avoir occupé les lieux ; frère Silvestro da Gubbio a inauguré l'endroit le 16 octobre 1599), mais aussi médecins, avocats, peintres, professeurs, soldats en grand uniforme..., chaque profession séparée l'une de l'autre. Les hommes debout, suspendus au mur, et les femmes en général allongées à l'intérieur de niches, ont l'air de vous attendre pour une ultime conversation entre gens de bonne compagnie. Au 19e s., il était d'ailleurs assez courant d'apporter sa chaise pour passer l'après-midi avec ses chers disparus.
La momie en meilleur état est celle de Rosalia Lombardo, une fillette de 2 ans décédée en 1920. Une série d'injections a permis de la conserver comme si elle était simplement endormie. Des études récentes ont révélé la présence encore aujourd'hui de tous ses organes internes. Mais le médecin qui a pratiqué les injections est mort en emportant le secret de sa formule dans la tombe...
Dans le **cimetière** attenant au couvent des capucins repose l'écrivain **Giuseppe Tomasi di Lampedusa**, mort en 1957 *(3e allée à gauche)*.

LA ZISA - MUSEO DI ARTE ISLAMICA★

A3 et plan détachable A4 *Piazza Guglielmo il Buono - ✆ 091 65 20 269 - 9h-18h30, dim. 9h-13h - 6 €.*
Étape importante de l'itinéraire arabo-normand de Palerme, le palais de la Zisa est inscrit au Patrimoine mondial de l'Unesco depuis le 3 juillet 2015. Guillaume de Hauteville fit édifier en 1166 cette résidence où tout a été prévu pour le plaisir et le repos : son emplacement au cœur du Genoard (☛ *encadré p. 70*), son orientation au nord-est, vers la mer, afin de recevoir la fraîcheur de la brise marine, son

Vertes délices

À l'époque arabo-normande, la ville était entourée d'immenses parcs et d'espaces verts, dont, à l'ouest de la ville, le Genoard, dit le « paradis sur terre ». Les souverains l'avaient choisi pour y construire des « sollatii », palais des délices au sens oriental du terme. Enfouis dans une végétation luxuriante et exotique, dans un dédale abritant vasques poissonneuses, fontaines et cours d'eau, dotés de petites réserves d'animaux sauvages importés de terres lointaines, ils étaient à la fois des lieux de repos et de divertissement. Cette passion pour les espaces verts s'est perpétuée jusqu'à nos jours, et l'on peut découvrir à travers la ville de véritables havres de paix et coins de paradis : le jardin exotique de San Giovanni degli Eremiti (⮌ p. 22), la Villa Bonanno (⮌ p. 22), la Villa Giulia (Via Lincoln 12), le jardin botanique (⮌ p. 47), la Villa Malfitano (⮌ p. 64), la Villa Trabia (⮌ p. 63), le Giardino Garibaldi (⮌ p. 39) sur la Piazza Marina, et le très fréquenté Giardino Inglese (⮌ p. 61). À cette liste s'est ajouté en 2005 le vaste ***Giardino della Zisa,*** *écrin moderne de verdure et d'eau qui met en valeur l'ancien palais de style arabe.*

ingénieux système de climatisation grâce auquel un courant d'air frais circulait en permanence à l'intérieur du palais, sa décoration, à caractère nettement plus arabisante que dans les autres constructions arabo-normandes de la ville.
Au **rez-de-chaussée**, l'attention est attirée par la **salle des Fontaines**, ouverte sur le devant. De plan cruciforme, elle doit son nom à la présence de deux petites vasques carrées alimentées au centre par un jet d'eau. La partie supérieure des murs est décorée d'une frise en mosaïque, animée de paons et d'archers. Des *muqarnas*, voûtes à alvéoles et stalactites en pierre typiques de l'art arabe, surplombent les niches et les fenêtres.
Le volume du **premier étage** est réduit par la hauteur de plafond de la salle des fontaines. Le décalage a permis de faire percer des petites fenêtres pour observer sans être vu tout ce qui se passait en dessous !
Ce niveau était un espace privé, probablement réservé aux femmes.
Au **deuxième étage**, la salle située au-dessus de la salle des Fontaines était à l'origine un atrium (à ciel ouvert) destiné à recueillir l'eau de pluie. On pense que cet espace devait être utilisé également comme salle de repos.
Le palais abrite une collection d'objets provenant pour la plupart d'Égypte (période mamelouk et ottomane), mais aussi de pays du bassin méditerranéen. On verra en particulier des bassins en cuivre finement travaillé, une magnifique pierre sépulcrale portant une inscription en quatre langues (12e s.). et des **moucharabiehs** du 15e s. extrêmement bien conservés.

PARCO DELLA FAVORITA

A1-2 *À 3 km au nord de Palerme - suivez la Via della Libertà jusqu'à la Piazza Vittorio Veneto. Tournez à*

Simoncountry/iStock

Santuario di Santa Rosalia.

droite pour arriver sur la Piazza dei Leoni : c'est de là que part le Viale del Fante, qui longe tout le parc pour finalement arriver au petit palais chinois.

Lorsque, le 22 janvier 1799, les Français entrent dans Naples, le roi Ferdinand IV de Bourbon et la reine Marie-Caroline s'enfuient à Palerme. Sur place, les nobles palermitains sont invités à céder à leur souverain une partie de leurs terres pour qu'il puisse s'adonner à son occupation favorite, la chasse. L'immense espace vert au pied du mont Pellegrino est ainsi rapidement peuplé de faisans, lièvres, perdrix et bécasses pour le bon plaisir du roi. Il reste aujourd'hui un grand parc de 400 ha un peu abandonné, où subsistent encore quelques beaux coins de verdure et de calme malgré la circulation intense des voitures qui le traversent à toute allure pour rejoindre la plage de Mondello.

VILLA NISCEMI★

A2 *Piazza Niscemi, au bout du Viale del Fante - ✆ 091 74 04 822 - parc : tlj de 9h au coucher du soleil ; maison : dim. 8h-13h.*

Les services de relations publiques de la mairie de Palerme ont beaucoup de chance : ils sont installés dans l'une des villas les plus élégantes de la cité, restée en l'état depuis que le prince Valguarnera di Niscemi l'a cédée à la ville en 1987. C'est ce qui fait le charme de cette grande bâtisse à mi-chemin entre la maison patricienne et le *baglio* fermier. Les lecteurs du *Guépard* trouveront l'endroit vaguement familier : c'est en effet dans ces lieux que Tomasi di Lampedusa a situé la maison de Tancrède Falconeri. L'intérieur est une suite de salons luxueux couverts de fresques et garnis de meubles du 18e s. L'un des plus beaux est le salon des Quatre Saisons, avec la fresque représentant Charlemagne qui fait don des armoiries aux Valguarnera. Ne manquez pas de sortir un moment sur l'une de deux terrasses qui surplombent le jardin : le carrelage bleu et blanc, le citronnier en pot dans un coin, la balustrade en pierre, le soleil filtré par les stores rouge et jaune, et devant, un désordre très étudié de palmiers, cyprès, eucalyptus, pins, orangers, cactus. Magique !

PALAZZINA CINESE★

***A2** Viale Duca degli Abruzzi - ✆ 091 70 71 402 - 9h-19h - fermé lun. et dim. - 9h-13h.*

Caprice que le roi Ferdinand IV accorda à son épouse, la reine Marie-Caroline, cette curieuse maison à l'architecture exotique avait été construite pour le baron della Scala, quelques années plus tôt, au début de la grande vogue des chinoiseries. Ferdinand IV, lui aussi féru d'exotisme, demanda à Marvuglia, l'architecte de l'édifice, d'en faire une résidence pour sa famille.

Intérieur – Le petit palais n'est « chinois » qu'au **rez-de-chaussée**, en particulier dans le grand salon décoré par de beaux panneaux de soie peints, les seuls éléments provenant réellement de Chine et que Ferdinand avait dans ses bagages, et par des fresques de Giuseppe Velasco, Patania et Silvestri.

Au **premier étage**, le style est beaucoup plus disparate : salons d'inspiration ottomane, chambres dans le plus pur style néoclassique, pièces à l'esthétique pompéienne, salle de bal Louis XVI… Un vrai catalogue des styles en vogue à la fin du 19e s., complété d'une succession d'escaliers secrets et portes dérobées.

La reine avait ses appartements au **deuxième étage**. Sur les murs de sa chambre s'alignent de petits portraits de famille peints par elle-même : sous celui de Ferdinand, qu'elle n'a pourtant jamais aimé, elle a inscrit « Il mio sostegno » (Mon soutien) ; pour son fils aîné : « Mia speranza » (Mon espoir) ; et sous son autoportrait : « Me stesso » (Moi-même) mais avec une faute de grammaire (« Me stessa » pour une femme). Notez également la table « volante » de la salle à manger située à l'entresol : un curieux mécanisme permet de changer les plats sans l'intervention des domestiques.

S'il est ouvert, faites le tour du **jardin** situé à l'arrière, il n'est pas très grand mais permet une jolie promenade, malgré la proximité de la route.

Un charmant édifice annexe, aux mêmes formes étonnantes, était destiné au logement des domestiques. La cour ouvre sur les cuisines, reliées au palais par un passage souterrain. Aujourd'hui, le bâtiment abrite le musée ethnographique Pitrè.

MUSEO ETNOGRAFICO PITRÈ

A1 ✆ 091 74 04 890 - fermé pour travaux au moment de la rédaction de ce guide.
Le musée invite à découvrir le monde paysan d'autrefois par le truchement d'objets illustrant les us et coutumes de la Sicile : modèles d'habitation, outils et ustensiles (cruches en corne incisée, gourdes creusées dans des courges), modestes céramiques, tissus (broderies, habits de fête) et meubles (très bel accoudoir du 17e s. en fer forgé). Les collections comprennent de magnifiques charrettes siciliennes, décorées de panneaux peints, d'incrustations et de ferronneries, deux voitures de conseillers du 17e s., des jouets d'enfant, des objets de magie et de croyance populaire, ainsi qu'une incroyable série d'ex-voto artisanaux témoignant d'une ardente foi populaire. La **bibliothèque** *(ouv. seulement le matin)* abrite de très nombreux documents sur les traditions populaires ne concernant pas uniquement la Sicile.

MONTE PELLEGRINO

AB1 À 14 km au nord de Palerme. Depuis la Via della Libertà, tournez à droite dans la Via Imperatore Federico et poursuivez par la Via Bonanno.
La route croise un large chemin dallé datant du 17e s., beaucoup plus raide, mais utilisable pour la montée à pied.

De la route du Monte Pellegrino, le **panorama★★★** sur Palerme et la Conca d'Oro est splendide. On aperçoit sur la gauche le **Castello Utveggio**, massif château de couleur rose, visible déjà depuis la ville. La route débouche devant le **Santuario di Santa Rosalia** (17e s.), aménagé dans la grotte où, dit la légende, la sainte aurait vécu. On dit aussi qu'en 1624, on y aurait retrouvé ses ossements, qui, portés en procession à travers la ville, auraient libéré la population de la peste. Cet événement fit de Rosalie la sainte patronne de Palerme. Les murs de la grotte sont tapissés de gouttières en zinc pour recueillir l'eau suintant des parois de la roche, considérée comme miraculeuse.
Poursuivez la montée jusqu'au belvédère, où se dresse la statue de la sainte et d'où l'on bénéficie d'une **vue★** magnifique sur la mer.

MONDELLO★

A1 À 10 km au nord-ouest de Palerme. De la Via della Libertà, prendre à droite le Viale Diana, qui rejoint le Viale Margherita di Savoia.
La route menant à cet élégant lieu de villégiature, doté de belles **plages**, traverse le parco della Favorita avant de rejoindre le Viale Regina Margherita di Savoia, qui mène jusqu'à la mer sous une longue voûte d'arbres centenaires.
L'été, tout Palerme se retrouve ici : on vient s'y baigner, bronzer, lire son journal à la table d'un café sur la *piazza*, draguer les *belle ragazze* sur les planches qui longent la plage,

Mondello.

regarder la lumière creuser des reliefs dans la masse imposante du Monte Pellegrino, au fond du golfe.
Mondello a été découverte par la classe aisée de Palerme au début du 20e s., après l'éradication de la malaria par des travaux d'assainissement. De nombreuses villas datent de la Belle Époque, tout comme le Stabilimento, immense édifice de style Liberty édifié en 1913 par la société belge, Les Tramways de Palerme ; celle-ci exploite encore aujourd'hui la plage sous le nom de Mondello Immobiliare Italo-belga. Le parc des villas et les établissements balnéaires composent un ensemble Art nouveau de référence.
Si vous souhaitez poursuivre la découverte du littoral, après le phare du **Capo Gallo** qui ferme le golfe *(accès par une route privée payante)*, rejoignez le petit port de pêche de **Sferracavallo**. À 300 m de la côte, l'**Isola delle Femmine** abrite une modeste réserve naturelle pour les oiseaux.

Duomo di Monreale★★★

À quelques kilomètres de Palerme, le village de Monreale domine la Conca d'Oro. La conque d'or, ainsi se nomme depuis l'Antiquité la vallée où l'on a cultivé jusqu'à la fin des années 1960 des oranges et des citrons couleur d'or. Aujourd'hui, les maisons des quartiers excentrés de la capitale ont remplacé les plantations d'agrumes, mais la vue sur Palerme est toujours aussi belle. La cité de Monreale s'est développée au 12e s. autour de l'abbaye bénédictine, du palais royal et de sa cathédrale. Si le palais royal et l'abbaye n'existent plus, en revanche, la cathédrale et le cloître de l'abbaye sont toujours intacts et concentrent toute l'activité de la ville alentour. Cet ensemble, l'un des plus majestueux témoignages de l'art arabo-normand byzantin, est inscrit depuis 2015 au Patrimoine mondial de l'Unesco.

▶**Accès :** en voiture, du Viale Regione Siciliana à Palerme, sortez à l'échangeur Calatafimi-Monreale et empruntez la N 186. Le bus 389P relie Palerme (Piazza Indipendenza) à Monreale (de l'arrêt Fontana del Drago, comptez 10mn à pied pour le Duomo).

Carte de la région à l'intérieur de la couverture

▶**Conseil :** Le dim. et le lun. le cloître ferme à 13h.

☏ 091 64 02 424 - www.monrealeduomo.it - cathédrale et musée : 9h-13h, 14h30-17h30, dim. 14h30-17h30 ; 12 € combiné cathédrale, Cappella Roano, cloître, terrasses, musée et tour sud (6 € sans le cloître).

La construction de ce splendide ensemble fut entreprise vers 1172 par **Guillaume II**, petit-fils de Roger II. La légende veut que la Sainte Vierge lui soit apparue en songe, lui révélant l'emplacement d'un trésor qu'il devait utiliser pour y édifier une cathédrale à sa gloire. L'édifice se devait d'être grandiose, pour soustraire définitivement la Sicile à l'influence de l'islam, au lendemain de deux cents ans de domination arabe, et égaler les cathédrales des plus grandes villes européennes.

À ces ambitions politiques s'ajoutait un désir personnel de Guillaume II : rivaliser en beauté avec la chapelle Palatine de Palerme (*p. 16*), élevée par son grand-père. Il fut employé à ces fins les meilleurs artisans, sans regarder à la dépense.

L'église était encadrée côté nord par le palais royal, et côté sud par l'abbaye bénédictine, dont on peut aujourd'hui admirer le magnifique cloître.

Extérieur

La surprise vient de son étonnant mélange de styles architecturaux, dû à l'intervention de maîtres d'œuvre d'origines diverses : il semble en effet que, pendant que les artisans de culture arabe édifiaient la partie

orientale (absides et chevets), des confrères normands érigeaient la façade et les tours. Cette double culture, dont les différentes caractéristiques apparaissent très nettement (quand on compare le chevet et les tours, par exemple), a finalement donné naissance à un édifice harmonieux, dont l'unité de style n'a été rompue que six cents ans plus tard, avec l'ajout du portique à colonnes de la façade.
Sous le portique s'ouvre la **porte du Paradis**, magnifique **portail★★** de bronze que **Bonanno Pisano**, architecte et sculpteur à qui l'on doit aussi les débuts de la célèbre tour de Pise, réalisa en 1185. Il est composé de 46 panneaux illustrant des épisodes de l'Ancien et du Nouveau Testament, avec une économie de personnages et une stylisation qui lui confèrent une étonnante modernité. Une corniche en pierre surplombe l'arc brisé du porche ; sur l'archivolte courent des frises sculptées faisant alterner des figures géométriques d'inspiration arabe, des motifs d'animaux et d'hommes de style normand et de fines lignes de mosaïques.
Longez le flanc gauche de la cathédrale pour atteindre la Via dell'Arcivescovado.
Le **chevet** est de facture franchement arabe. La décoration se compose de trois ordres d'arcatures aveugles ogivales de différentes hauteurs, entrecroisées et soutenues par de fines colonnes placées sur de hauts socles, tandis que les dessins géométriques en calcaire blanc et pierre de lave noire soulignent les arcs qui encadrent des panneaux et des rosaces dans un jeu d'étoiles de formes toujours différentes. Le motif est aussi repris sur la façade, malheureusement partiellement caché par le portique ajouté au 18e s.
Revenez sur vos pas le long de la Piazza Vittorio Emanuele.
L'entrée dans la cathédrale se fait sur son flanc gauche, par le **portail★** en bronze de Barisano da Trani, situé sous un portique du 16e s., qui donne sur la Piazza Vittorio Emanuele. Les panneaux représentent des épisodes bibliques, quelques scènes de la vie des saints et de nombreux sujets ornementaux. Bien qu'ils aient été réalisés quatre ans plus tard, leur exécution est plus rigide et de facture encore byzantine.

Intérieur

On peut dire que Guillaume II a atteint son objectif : sa cathédrale est l'une des plus belles de la chrétienté, grâce au spectacle des mosaïques qui couvrent d'or et de couleur la presque totalité de ses murs, et à la perfection des proportions de l'architecture intérieure, véritablement mise au service de la décoration.
La nef centrale, très vaste, est séparée des deux nefs latérales par des colonnes ornées de magnifiques chapiteaux. Certains sont corinthiens, d'autres de style composite : feuilles d'acanthe dans la partie inférieure, cornes d'abondance et portraits de Cérès et Proserpine dans la partie supérieure. Entre les chapiteaux et l'imposte des arcs ont été insérés des coussinets portant des ornements de mosaïque en arabesques. À peu près à mi-longueur, un arc de triomphe

CHAEL.
ARCHAN
GELVS.
S. GEORGI
US
S.THEOD

monumental marque l'entrée dans le vaste espace du transept et des absides, surélevé par rapport aux nefs. Le dallage de cette partie, en marqueterie de marbre, tout comme la partie basse des murs, rappelle la tradition byzantine. Le plafond en bois du chœur a été restauré au 19e s.
Dans le transept droit se trouvent les **tombeaux de Guillaume Ier et Guillaume II** et, dans le transept gauche, un autel qui renferme le cœur de Saint Louis, mort à Tunis en 1270, lorsque son frère Charles Ier d'Anjou régnait en Sicile. Sur le sol de cette partie de l'église subsiste la mosaïque originale, décorée de dessins géométriques et d'animaux stylisés (cherchez les lièvres et les poissons). De l'abside gauche, on accède à la **chapelle du Crucifix**★ (17e s.), véritable chef-d'œuvre du baroque sicilien : colonnes torsadées, médaillons, bas-reliefs et décorations s'accumulent sur des murs habillés d'une marqueterie de marbre, ouvragée comme de la dentelle. Le crucifix en bois est du 15e s.
Juste à côté, la **Cappella Roano** abrite le **trésor**, qui comprend des objets de culte et des reliquaires, dont la relique de la Sainte Épine, don du roi de France Philippe II.

Les mosaïques★★★ – Elles composent un extraordinaire livre d'images, d'une précision et d'une richesse de détails étonnantes, réalisé par des artisans byzantins et siciliens. La présentation des scènes, les éléments et les images symboliques utilisés sont souvent les mêmes qu'à la chapelle Palatine, mais les personnages sont plus expressifs, davantage caractérisés, et les scènes plus renseignées.
Le récit suit un schéma précis, conforme aux principes établis sous le pontificat d'Adrien Ier lors du VIIe concile œcuménique (787). Il reprend le plan divin du salut universel, depuis la création du monde et de l'homme qui, à cause du péché originel, se voit contraint au travail et à l'expiation, jusqu'à l'intervention de Dieu, qui élit son peuple pour le préparer au salut. La **nef centrale** abrite les scènes de l'Ancien Testament. La venue du Christ incarne l'accomplissement de la Rédemption, illustré par sa vie (*transept*) et ses œuvres (*nefs latérales*). La mission commencée par le Christ se poursuit ensuite à travers la naissance de l'Église et grâce aux saints hommes qui suivent son exemple (*absides secondaires*).
Dans l'abside centrale règne, imposant, le Christ pantocrator. Au niveau inférieur, la Vierge et l'Enfant entourés d'anges et d'apôtres. Sur la dernière frise, des figures de saints. Au centre de l'intrados, le trône du Jugement dernier.
Les deux **absides latérales** renferment, dans la conque, les figures de saint Pierre *(à droite)* et de saint Paul *(à gauche)*, accompagnées d'épisodes significatifs de leur vie.
L'histoire de la vie du Christ est évoquée dans le **chœur**, à partir de la croisée du transept où sont représentés les épisodes de son enfance, tandis que la vie de Jésus adulte jusqu'à la descente du Saint-Esprit est illustrée dans les deux bras du transept *(en commençant par celui de droite)*.

P. Eastland/age fotostock

Le chevet du Duomo.

Sous l'**arc de triomphe** qui ferme la croisée du transept, deux trônes : à droite, le **trône épiscopal**, surmonté de la scène du tribut symbolique de Guillaume II à l'Église (le roi est figuré au moment où il fait don de la cathédrale à la Vierge) et, à gauche, le **trône royal**, avec une scène qui proclame la protection divine sur le roi (c'est le Christ lui-même qui couronne Guillaume). Son tympan présente deux lions qui se font face, composition typiquement orientale, symbole du pouvoir, que l'on retrouve aussi sur les bras du trône.
Prenez le temps de traquer les détails que les artistes ont ajoutés pour rendre leur récit plus vivant, par exemple : les liens pour attacher l'échafaudage de la tour de Babel, l'incroyable variété de poissons pris dans les filets de Pierre, les taches sur la peau du lépreux, le personnage qui se bouche le nez incommodé par la puanteur du cadavre de Lazare, l'étonnante modernité de la scène de la création, ou encore l'âme d'Abel représentée par un petit homme rouge du sang versé...

Montée aux terrasses★★★

Accès par le fond de la nef de droite. La première partie, à découvert, permet de jouir d'une remarquable vue sur le cloître. Plus haut, on profite d'une vision rapprochée sur les **absides**★★. La dernière montée dévoile une **vue**★★ enchanteresse sur la Conca d'Oro.

Les chapiteaux du cloître

Côté nord (vers l'église)

- *L'aigle qui tient un lièvre dans ses serres évoque la puissance de l'empereur Frédéric II face à la papauté*
- *Évocation de l'arbre du Bien et du Mal au paradis, et du serpent*
- *Feuilles de chêne rabattues par le vent sous un rayon de miel, symbole de douceur attribué à la Vierge Marie*
- *Une sirène, symbole de la tentation, se glisse parmi les évangélistes*

Côté est

- *Annonciation, Nativité et adoration des Mages*
- *Des télamons supportent le monde et ses souffrances*
- *Chouettes entourées de visages humains qui symbolisent la sagesse*
- *Histoire de Joseph vendu par ses frères*
- *Les femmes pieuses devant le sépulcre du Christ*

Côté sud

- *Acrobate, symbole de liberté*
- *Un homme chevauche un taureau qu'il égorge, évocation du culte antique de Mithra*

Côté ouest

- *Le roi Guillaume II dédie Monreale à la Vierge*
- *Aigles tournés vers le haut, évocation de l'Esprit*

Cloître★★★

✆ 091 64 04 403 - 9h-19h (dim. 9h-13h) -6 €. Effectuez la visite dans le sens des aiguilles d'une montre en commençant par le côté nord.
Merveille de délicatesse, ce cloître incarne la forme la plus aboutie de la rencontre entre l'esprit du christianisme et l'architecture arabo-musulmane.
Ses 94 colonnettes géminées, ornées de dessins géométriques en mosaïque, supportent de remarquables **chapiteaux★★★** historiés, dans la plus pure tradition romane, sur lesquels s'ordonne une délicate suite d'arcades ogivales.
Dans l'angle sud-ouest, un petit cloître, inclus dans le grand, abrite une fontaine. Observez les chapiteaux décorés de figures d'hommes, d'animaux ou de motifs végétaux. Ils racontent pour la plupart des épisodes bibliques avec une liberté d'interprétation qui confine souvent au fantastique.
En sortant sur la Piazza Guglielmo II, le dernier portail à droite de l'entrée du cloître ouvre sur un jardin public. De là, on découvre une **vue★★** magnifique sur la Conca d'Oro.

Museo Diocesano

Via Arcivescovado 2 - ✆ 091 640 24 24 www.museodiocesanomonreale.it - 9h-13h, ven. et sam. aussi 14h30-17h30 - fermé lun. et dim.
Le musée est réparti sur les trois niveaux du Palazzo Arcivescovile et expose les oeuvres d'art appartenant au diocèse de Monreale.

Cefalù★★

Cette petite ville de pêcheurs a su tirer parti de son site de carte postale dominé par son pittoresque rocher, et préserver l'une des plus belles cathédrales de Sicile. Des pieds du sanctuaire élevé dans un style normand des plus purs, on part flâner sur les pavés des ruelles bordées de cafés. La plage de sable fin attire beaucoup de monde en saison.

▶ **Accès :** Cefalù est située à 70 km à l'est de Palerme. Le train est le moyen le plus rapide et le plus pratique pour la rejoindre (*dép. ttes les heures - 1h env.*). En voiture, en arrivant par la Via Roma, on rejoint un parking payant situé à quelques minutes du centre historique. Autres parkings payants : Via Roma, au niveau de la Via Verga, et le long du bord de mer, dans les lignes bleues.
▶ **Conseil :** Ne vous engagez pas dans les ruelles du centre historique avec votre voiture : il est strictement interdit aux véhicules et la police ne chôme pas.

PIAZZA DEL DUOMO

Point de départ de la promenade, cette place est bordée de plusieurs palais. Celui de Piraino (*situé à l'angle du Corso Ruggero*) conserve son portail de la fin du 16e s. Quant au Palazzo Maria, percé d'un portail gothique, il fut peut-être résidence royale. À gauche de la cathédrale s'élève le palais épiscopal (17e s.).

DUOMO★★

Piazza Duomo, 10 - ☎ 0921 92 20 21 - www.cattedraledicefalu.com - 10h-17h (juil.-août 10h-13h, 15h-19h) - visites guidées 6/10 € selon le parcours (30mn/1h30mn) - ☎ 0921 92 63 66 - duomocefalu.it.
Un pur joyau roman dont la pierre dorée se fond avec celle de la falaise de la Rocca. Sa construction, de 1131 à 1240, a été lancée par le roi normand Roger II, à la suite d'un vœu qu'il aurait prononcé après avoir échappé au naufrage lors de son retour de Naples. Le style normand est plus évident ici que dans la cathédrale de Palerme : il s'affirme pleinement sur la façade, terminée en 1204 et encadrée de tours carrées, ainsi que sur la haute abside bordée d'absidioles. La façade présente un corps central à deux niveaux. Remarquez à l'étage supérieur le jeu des arcs entrecroisés surmontés d'une fausse loggia ornée d'arcs en plein cintre. Les tours, de plan carré et à toits pointus recouverts de majoliques, sont enrichies de fenêtres ogivales ou géminées et se terminent par des clochetons à merlons. Sous le portique refait au 15e s. par l'architecte lombard Ambrogio di Como se trouve, au centre, le portail royal, ancienne entrée de l'édifice.

Intérieur

Il adopte une forme en croix latine, avec trois nefs séparées de colonnes

Cefalù, la cathédrale.

ornées de **chapiteaux★** de style siculo-normand. Dans le chœur, les **mosaïques★★** (1148) sur fond or déploient des couleurs extrêmement vives et variées (on admirera en particulier le vert émeraude).
Un immense **Christ pantocrator** domine la partie haute de la conque absidiale. Une main levée en signe de bénédiction, il tient dans l'autre le texte sacré où, en grec *(à gauche)* et en latin, figure la parole de l'Évangile selon saint Jean (8, 12) « Je suis la lumière du monde : celui qui me suit ne marchera pas dans les ténèbres, mais aura la lumière de la vie. »
En dessous, sur trois registres, on voit la Vierge en prière entourée de quatre archanges, au-dessus des douze apôtres. Notez la douceur de leurs visages et la liberté de leurs attitudes. Leur représentation de face est typique de l'art byzantin. Sur les murs latéraux du chœur et sous la voûte, d'autres mosaïques du 13e s. représentent prophètes, saints et patriarches.
À droite du chœur se tient l'ancien trône épiscopal et, à gauche, le trône royal en marbre et mosaïques.
Les trois nefs et le transept ont été de nombreuses fois remaniés au fil des ans. Les vitraux de Michele Canzoneri, réalisés sur des thèmes bibliques dans les années 1990, projettent à l'intérieur de suggestives gerbes de lumière colorée.
Le nouveau parcours amenagé dans les tours offre des **vues★★** magnifiques sur les nefs, Cefalù et la mer.
La salle capitulaire accueille le trésor de la cathédrale.

Cloître

Entrée à gauche du parvis. Peut-être un peu trop hardiment restauré, il possède des colonnes et des chapiteaux du même style que ceux de Monreale (*p. 80*).

MUSEO MANDRALISCA

Via Mandralisca 13 - ✆ 0921 42 15 47 - www.fondazionemandralisca.it - 9h-19h (23h juil. et août) - 6 €.
Le baron Enrico di Mandralisca, collectionneur passionné d'œuvres d'art, vécut au 19e s. à Cefalù.
À sa mort, il légua à la ville son patrimoine artistique et son immense bibliothèque (plus de 6 000 volumes, la plupart datant du 16e s.). Le musée conserve une vaste collection

numismatique et des tableaux, dont le **Ritratto d'Ignoto★** *(Portrait d'un inconnu*, 1470*)*, du peintre **Antonello da Messina**, ainsi que des vestiges archéologiques provenant surtout de Lipari : un singulier cratère représentant un vendeur de thons (4e s. av. J.-C.), une collection de majoliques de plus de 20 000 pièces *(exposées par roulement)*, un ensemble de coquillages rares et une série de curieux objets dont un « casse-tête » chinois en ivoire.

CORSO RUGGERO ET LA VIEILLE VILLE

L'artère principale de Cefalù sépare la ville en quartier est et quartier ouest. Ce dernier est typiquement médiéval avec son enchevêtrement de ruelles en escaliers, ses voûtes et ses passages étroits. À l'est, au contraire, s'étend un quadrillage régulier de rues droites et perpendiculaires. Cette différence reflète la séparation des deux classes sociales qui semblent s'être approprié chacune son territoire, le peuple à l'ouest, la noblesse et le clergé à l'est.

À partir de la Piazza del Duomo, tournez à gauche sur le *corso* : un peu plus loin sur la gauche, on aperçoit le portail baroque précédé d'un bel escalier en fer à cheval de la **Chiesa del Purgatorio**. À l'intérieur, on aperçoit sur la droite le sarcophage du baron di Mandralisca.

Osterio Magno★ – *Ne se visite pas.* Sur la droite du *corso*, ce palais fut l'une des résidences favorites du roi Roger, puis de la famille des Ventimiglia, avant de devenir un lieu d'exposition après restauration.

La fête de la Fruttuola

Cette fête du pain est l'une des traditions les plus anciennes de Sicile. Le 14 juin, les anciennes corporations paysannes défilent en tenant un bâton à l'extrémité duquel sont attachés des pains en forme de couronne (les « ciambelle ») et des compositions florales qui représentent des moissonneurs, des colombes, des animaux et même le duomo de Cefalù.

Il présente deux styles distincts. Le plus ancien s'observe sur la façade donnant Via Amendola. En pierre de lave et en pierre dorée, ses deux élégantes **fenêtres** géminées bicolores datent de la fin du 13e s.

À l'angle formé par le Corso Ruggero, la tour quadrangulaire du 14e s., avec sa fenêtre triforée surmontée d'un arc magnifique, est de style sicilien chiaramontain (*p. 40*).

Le Corso Ruggero débouche sur la Piazza Garibaldi, où s'élevait l'une des quatre portes de la cité. L'église baroque **Santa Maria della Catena** renferme dans la tour de son campanile les vestiges des anciennes murailles.

À l'extrémité de la Via Vittorio Emanuele s'ouvre la **Piazza Marina**. Un peu avant celle-ci, sur la gauche, se dresse la Porta Pescara, la seule des quatre portes médiévales de la ville ayant été conservée.

Prenez sur la droite la Via Ortolani di Bordonaro.

Vers la fin de la rue, une petite traverse sur la gauche conduit à la Piazza Crispi, où l'on peut visiter la **Chiesa dell'Idria** et le **Bastione di Marchiafava**, qui offre une vue splendide sur la côte.

Cefalù et sa Rocca.

LA ROCCA

Comptez 20mn de marche jusqu'au temple de Diane et 40mn de plus pour atteindre le sommet du rocher. Prenez la montée qui débute au Corso Ruggero et suivez la Via Saraceni jusqu'au promontoire.

Du sommet, on a une **vue★★** superbe sur la région, de Capo d'Orlando à Palerme, avec Cefalù en contrebas, se terminant à l'est par le promontoire de Torre Caldura et les vestiges de sa tour de guet. Par temps clair et dégagé, on verra même se profiler à l'horizon le contour des îles Éoliennes. Ce rocher, lieu de fondation de la ville, porte des ruines de différentes époques, dont celles appartenant à un édifice de l'époque préhellénique appelé **temple de Diane**, datant du 9e s. av. J.-C. *9h-18h - 4 €.*

Au sommet se trouvent les vestiges d'un château des 12e-13e s.

Golfo di Castellammare★★

À l'ouest de Palerme, du Capo Rama au Capo San Vito, la côte dessine un large golfe ouvert sur la mer Thyrrénienne, avec Castellammare del Golfo en son centre. À l'est se succèdent les stations balnéaires, les plages encombrées, les alignements de transats et parasols, les parkings et la foule des vacanciers. À l'ouest, en revanche, vous attendent des sentiers qui cheminent à travers une nature intacte, des parois rocheuses qui découpent, dans une eau cristalline, des criques paradisiaques où s'abritent des madragues séculaires, et personne, ou presque. Cette partie de la côte est d'autant plus splendide qu'elle est partiellement protégée, tout en restant accessible, par la Riserva Naturale dello Zingaro.

▶**Accès :** La route panoramique suit la côte jusqu'à Scopello, s'interrompt à la Riserva dello Zingaro puis reprend au début du Capo San Vito. Entre Scopello et San Vito Lo Capo, il faut donc suivre la route intérieure.

Carte de la région à l'intérieur de la couverture

▶**Conseil :** Juin et septembre sont parfaits si vous voulez éviter les foules d'estivants. En septembre, vous pourrez en outre profiter du CousCous Fest à San Vito Lo Capo.

CASTELLAMMARE DEL GOLFO

Comme assoupie tout au fond du golfe qui lui doit son nom, Castellammare del Golfo dresse ses maisons aux murs ocre et aux toits en terrasse en surplomb du port, protégé par la haute tour de son château médiéval. Mais ce calme n'est qu'apparent : en saison, la petite ville devient une station balnéaire animée, très appréciée des familles.

C'est aussi un excellent point de départ pour une excursion en bateau vers Scopello et la réserve du Zingaro. Après Castellammare del Golfo, le relief change complètement. Les longues plages de sable laissent place à une côte escarpée, qui dessine de charmantes criques au bord d'une mer miraculeusement préservée.

Après avoir jeté un dernier coup d'œil au **panorama★** *(aire de stationnement)* sur Castellammare, poursuivez la SP63 vers le nord, jusqu'à Scopello.

SCOPELLO

Scopello s'est développé autour du **Baglio Isonzo** au début du 18e s. Le manque de liaisons routières l'ont préservé jusqu'aux années 1980... Mais depuis, la route a été construite, le bouche à oreille a fait son chemin, les photographes et les réalisateurs sont venus planter leur caméra et Scopello est devenu, en moins de vingt ans, LA destination touristique de cette partie de la côte. À éviter l'été, mais à découvrir absolument le reste de l'année. Asseyez-vous sous le figuier de la cour du *baglio* et prenez le temps de ne rien faire. Juste respirer le parfum du figuier et observer les mille détails qui font la vie quotidienne du village.

TONNARA DI SCOPELLO★★

En sortant de Scopello, un petit chemin creux sur la droite, que l'on peut suivre à pied, mène à la tonnara (la madrague) - 2 km - comptez 20mn. Accès sévèrement réglementé - pour réserver 388 82 99 472 - www.latonnaradiscopello.it - 10h-18h30 - accès payant.

La petite crique qui abrite l'ancienne *tonnara* semble être ce qui se rapproche le plus de l'idée que l'on se fait du paradis. Une anse minuscule baignée par une mer cristalline qui hésite entre le bleu indigo et le turquoise. Un mini-port gardé par deux immenses îlots rocheux, postés là comme des sentinelles silencieuses. Une madrague restée intacte depuis presque deux cents ans, aux murs brûlés par le soleil où sont adossées les ancres utilisées pour maintenir les filets lors de la *mattanza,* la capture des thons. Et le silence... parfois interrompu par le clapotis de la mer sur les rochers.
Cette pêcherie de thons a été le témoin d'une activité florissante, tributaire d'une mer extraordinairement poissonneuse. Après plusieurs années d'abandon, elle est aujourd'hui revenue à la vie grâce à une savante restauration qui en a fait une demeure de charme dont les différents appartements sont en location (*Nos adresses, p. 117*).

RISERVA NATURALE DELLO ZINGARO★★

La réserve s'étend sur le territoire compris entre Scopello et San Vito Lo Capo. L'accès peut se faire par les deux villages. De Scopello, l'entrée de la réserve se trouve à 5 km au nord par la SP 63. La route est ensuite interrompue. Rens. 0924 35 108 - www.riservazingaro.it - 7h-19h30 (en hiver 9h-17h) - 5 €.
Cette réserve « du Gitan » s'étend sur environ 7 km de côte et couvre 1650 ha. Imaginez une montagne de calcaire qui tombe à pic dans la mer, découpée par des criques soulignées de sable blanc et, sur ce relief, une vaste étendue de maquis ponctuée de lauriers, genêts et oliviers. Dans le ciel, une foule d'oiseaux – on en a compté jusqu'à 40 espèces différentes. La réserve figure parmi les régions les plus sauvages et les plus belles d'Italie.
Le **sentier principal** (le plus facile), qui longe les 7 km de côte en surplombant la mer, permet l'accès à une succession de minuscules plages paradisiaques *(comptez 4h A/R sans compter les pauses).*
C'est le long de ce sentier que vous trouverez les trois petits **musées** (Museo Naturalistico, Museo della

Tonnara di Scopello.

Civiltà Contadina et Museo delle Attività Marinare), installés pour illustrer les richesses naturelles de la réserve et les activités traditionnelles des populations qui l'ont habitée. Dans les parages de la plage dell'Uzzo, on peut monter vers la **Grotta dell'Uzzo**, qui recèle des vestiges du néolithique et du mésolithique.

Deux **autres sentiers**, plus sportifs mais aussi moins fréquentés, ont été tracés pour explorer l'intérieur de la réserve. Le paysage se diversifie, c'est la garrigue qui règne ici, peuplée de palmiers nains et de frênes à manne. On découvre d'anciennes implantations rurales, comme le **Borgo Cusenza et Sughero**.

SAN VITO LO CAPO★

Pour vous rendre à San Vito Lo Capo à partir de Scopello, revenez sur vos pas, puis tournez à droite sur la SS 187 et suivez la route en direction de Custonaci, Castelluzzo et San Vito Lo Capo.

Via Savoia 57 - ☏ 09 23 97 43 00 - www.comune.sanvitolocapo.tp.it - 9h-13h; Via Venza 12 - www.prolocosanvitolocapo.it.

La route qui grimpe de **Custonaci** jusqu'au cap offre de belles **vues★** sur le golfe del Cofano. Avant d'atteindre San Vito, on aperçoit sur la gauche une tour de guet du 16e s., silhouette familière de la région, puis on passe la chapelle **Santa Crescenza** (16e s.), dont la forme cubique est typique ici. Réputée pour sa baie qui abrite une plage de sable de 3 km de long, San Vito Lo Capo est une station balnéaire familiale étalée dans la plaine, au pied de l'imposant Monte Monaco, qui domine le cap le plus occidental de la Sicile.

Le petit village s'est développé à partir du 18e s. autour d'un imposant **sanctuaire** dédié à San Vito. Ce très ancien lieu de pèlerinage (5e s.) fut fortifié au 15e s. pour protéger les pèlerins des attaques continuelles des pirates. À l'intérieur ont été récemment retrouvées des traces d'une minuscule église datant du 4e s. Les maisons basses et carrées, disposées selon un tracé rectiligne et parfois flanquées de palmiers, donnent au village des petits airs d'Afrique du Nord. L'été, l'essentiel de l'activité se concentre presque exclusivement autour de la plage : ici règne le parasol et les chaises longues. La seconde activité phare est d'un tout autre genre : l'escalade du Monte Monaco, qui attire les passionnés de toute l'Europe.

CAPO SAN VITO

En quittant San Vito vers l'est, après avoir passé la pointe de Solanto, on peut voir sur la gauche la **Tonnara del Secco**, ancienne pêcherie au thon aujourd'hui à l'abandon, et on rejoint la solitaire **Torre dell'Impiso** (du Pendu, *visible seulement au retour et non à l'aller*), une des nombreuses tours de guet édifiées le long de la côte pour surveiller l'arrivée des pirates. Au bout de la route s'étend la belle réserve du Zingaro *(p. 86). Revenez à San Vito et prenez la direction de Castelluzzo (SP16).*

eddygaleotti/iStock

Plage de San Vito lo Capo.

Traversez la ville, puis tournez à droite en direction de Custonaci, Scurati et Cornino.

RISERVA NATURALE MONTE CÒFANO

L'impressionnant pic calcaire du Monte Cofano, classé réserve naturelle, offre avec le golfe qui le baigne un magnifique **spectacle★** d'abruptes parois rougeâtres se reflétant dans une eau cristalline. Sur le flanc de la montagne, on aperçoit plusieurs carrières d'extraction du marbre perlé de Sicile *(perlato di Sicilia)*, dont la blancheur contraste avec le brun de la roche brute.

À proximité des carrières, au hameau de Scurati *(suivez les indications)*, se trouve la **grotte Mangiapane★**, dont l'intérieur abrite un petit village rural complet, avec sa chapelle et sa rue empierrée. Le charme de ce lieu abandonné, avec ses maisons carrées couleur terre brûlée à l'aspect un peu mexicain, revit au moment de Noël, quand on y installe une jolie crèche vivante.

La réserve est traversée par trois sentiers. Le plus facile, et aussi le plus beau, démarre de Custonaci et fait le tour du Monte Còfano en longeant la côte : 9 km d'une promenade magnifique *(comptez 3h)*.

Segesta★★★

Ségeste

Le temple de Ségeste apparaît de loin, splendide dans son isolement. Parmi les plus parfaits qui nous soient parvenus de l'Antiquité, il se dresse, sur une butte encerclée d'un profond vallon, parmi de douces collines ocre et brun rouge formant un agréable contraste avec les tonalités infinies du vert. Le mont Bernardo et le mont Barbaro, à l'horizon, achèvent de créer un tableau inoubliable.

▶**Accès :** À 90 km au sud-ouest de Palerme, le site est isolé mais situé à proximité immédiate de la sortie d'autoroute A 29 et bien signalé.

Carte de la région à l'intérieur de la couverture

▶**Conseil :** Commencez par le temple (possibilité de petite restauration à la cafétéria près des guichets, sur les places ombragées). Terminez par la visite du théâtre et évitez les heures chaudes : peu d'ombre autour du temple.

LE SITE

Case Barbaro SP 68 - Contrada Barbaro Segesta - ✆ 0924 95 23 56 - été : 9h-19h ; hiver : 9h-17h (dernière entrée 1h av. la fermeture) - 6 €. Une navette (1,50 €) conduit au théâtre situé 2 km plus haut - service bar et restaurant.

La Ségeste antique, probablement fondée par les Élymes, comme Erice, devient rapidement l'une des cités d'influence hellénique les plus importantes du bassin méditerranéen. Elle est, au 5ᵉ s., la principale rivale de Selinonte. Pour se défendre de cette dernière, elle fait appel en 415 av. J.-C. aux Athéniens, mais ceux-ci sont battus par Syracuse, alliée de Selinonte. En 409 av. J.-C., elle sollicite alors l'aide des Carthaginois qui, arrivés en Sicile, anéantissent Selinonte et Himera. Ségeste est détruite à son tour par le Syracusain Agathoclès, en 307 av. J.-C. ; mais elle renaît avec les Romains. On ignore en revanche le sort de la cité dans la période qui a suivi, et on suppose qu'elle fut rasée par les Vandales. Les lieux continuent à être habités au Moyen Âge, comme l'attestent les ruines du château normand et une petite basilique à trois absides (par la suite abandonnée, puis reconstruite comme ermitage au 15ᵉ s.) ; ces deux bâtiments ont été construits dans la partie nord de l'ancienne acropole. Cette dernière était partagée en deux par un col : au sud-est s'étendait la zone résidentielle, tandis qu'au nord s'élevaient les édifices publics, dont le théâtre.

Temple★★★

Érigé en 430 av. J.-C., le temple est un élégant édifice dorique aux proportions d'une rare harmonie. Le péristyle a conservé presque

R. Harding/hemis.fr

Le temple de Segesta.

entièrement intactes ses 36 colonnes non cannelées, taillées dans un magnifique calcaire au ton doré. L'absence de cannelures et de *cella* intérieure (normalement la première pièce du temple à être construite) laisse penser que la construction a été abandonnée prématurément. Mais certains spécialistes réfutent cette théorie, voyant dans l'absence de *cella* la preuve qu'il s'agirait d'un péristyle imitant un temple.
La route qui monte vers le théâtre offre une **vue★★** magnifique sur le temple. Avant le théâtre *(sur la droite)*, on peut découvrir les restes de l'ermitage San Leone, construit sur un édifice précédent ; derrière, on aperçoit les vestiges du château normand.

Teatro★

Édifié au 3e s. av. J.-C., sous l'occupation romaine, il est constitué d'un vaste hémicycle parfait, de 63 m de diamètre, taillé dans un versant rocheux. Les gradins sont orientés vers les collines, au-delà desquelles on distingue *(sur la droite)* le golfe de Castellammare.

Segesta Festival Dionisiache

En août, le théâtre accueille une prestigieuse programmation de concerts et de représentations théâtrales classiques et contemporaines. À ne pas rater, les « aubes », qui ont lieu vers 5h. www.dionisiache.it

Erice★★★

Pour peu que la brume vienne envelopper la ville, comme c'est souvent le cas la nuit, on sent l'atmosphère se charger peu à peu de mystère et on se souvient que tout est mythique à Erice : sa fondation, son emplacement, au sommet d'un piton rocheux de 750 m d'altitude que Virgile comparait au mont Athos, ses murs d'enceinte, qu'aurait édifiés Dédale en personne... Et puis, brusquement, le soleil apparaît, les portes du téléphérique s'ouvrent pour laisser passer les touristes, les paniers de céramiques envahissent les trottoirs, les pâtes d'amandes colorées s'amoncellent sur les comptoirs des pâtisseries et Erice retrouve son aspect de village médiéval gai et soigné, aux multiples églises (plus de 60 !), aux beaux balcons ventrus qui veillent sur des placettes ensoleillées et aux ruelles joliment pavées, d'où l'on aperçoit des vues spectaculaires sur Trapani et les îles Égades.

▶**Accès :** Deux montées ponctuées de superbes **vues★★** sur la mer et la plaine conduisent à Erice (la montée côté est, depuis Valderice, est très tortueuse). La circulation dans la ville est interdite aux non-résidents : il est impératif de laisser son véhicule au parking près de la Porta di Trapani *(payant)*.
Au départ de Trapani (*SP 31 vers Erice, angle Via Capua)*, un **téléphérique** rejoint Erice en 10mn *(Via delle Pinete - ✆ 0923 56 93 06 - www.funiviaerice.it - 5,50 €/9 € AR)*.

Carte de la région à l'intérieur de la couverture

▶**Conseils :** Arrivez tôt le matin ou restez tard l'après-midi pour éviter les foules de touristes. En dehors de l'été, emportez un pull.
Sites Fondazione Erice Arte : Castello di Venere, Torretta Pepoli, Quartiere Spagnolo, Museo Cordici - avr.-sept : 10h-18h (20h août) ; reste de l'année : 10h-16h - 4 €/site, 12 € billet combiné pour tous les sites. Info ✆ 329 78 23 035 - www.fondazioneericearte.org.
Sites MEMS (Museo di Erice la Montagna del Signore) : Duomo, Torre di Re Federico, San Salvatore, San Martino, San Giuliano - avr.-oct. : 10h-18h (19h juil. et sept., 20h août) - 2,50 €/site, 6 € billet combiné pour tous les sites - Info ✆ 09 23 86 91 23 - www.ericelamontagnadelsignore.it.

CHIESA MADRE★

Via San Giuseppe 1 - ✆ 09 23 86 91 23 - www.ericelamontagnadelsignore.it.
L'église fortifiée de la Vergine Assunta a été édifiée au 14e s. au pied d'une tour de guet qui deviendra un siècle plus tard son clocher. Le *pronaos*, ajouté un siècle plus tard, a accentué la majesté et l'identité gothique du sanctuaire. Malheureusement, il dissimule au regard la délicate rosace ouverte en façade. Celle-ci n'est

Jolie placette à Erice.

visible que du premier étage de la Torre di Re Federico.
L'intérieur de l'église a été fortement restauré au 19e s. L'autel est décoré d'un beau retable en marbre de style Renaissance.
En sortant, cherchez les neuf croix incrustées dans le mur extérieur nord de l'église : la tradition veut qu'elles proviennent du temple de Vénus.

TORRE DI RE FEDERICO

Montée rude.
L'ancienne tour de guet s'élève à côté de l'église, à la manière d'un campanile isolé. Ses différents niveaux sont percés de meurtrières *(1er étage)* et de belles fenêtres géminées.
Du sommet, couronné de créneaux gibelins, belle vue sur la cité.

VIA VITTORIO EMANUELE

La rue principale d'Erice, bordée de maisons anciennes, compose un vrai décor de cinéma. Au cours de l'ascension, on visite les ruines du monastère bénédictin de **San Salvatore**, ancien palais de la famille Chiaramonte (13e s.).
Non loin, une ruelle à droite grimpe vers une église à la jolie façade rose, **San Martino**, reconstruite à la fin 17e s. ; sa nef voûtée en berceau, avec stucs et fresques néobaroques, a été parfaitement restaurée.

MUSEO ANTONIO CORDICI

Vico San Rocco 1 - ✆ 329 78 23 035 - www.fondazioneericearte.org.
Logé dans l'hôtel de ville, il rassemble des vestiges archéologiques, parmi lesquels une petite **tête d'Aphrodite** en marbre du 4e s. av. J.-C.
Un peu plus loin, sur la droite de la place, empruntez la Via Cordici et rejoignez la gracieuse **Piazza San Domenico** : une maison aux fenêtres baroques, un ancien palais au portail imposant, une belle petite maison en pierre, la petite église du 17e s. et quatre tables pour s'arrêter déguster une *arancina*.
Suivez la Via Guarnotti.

SAN PIETRO

Ne manquez pas son joli portail baroque souligné de deux colonnes roses, qui jouxte un arc enjambant la rue. Entrez voir l'autel baroque, les fresques et le sol en céramique datant du 17e s.

SAN GIULIANO

Piazzetta San Giuliano - ✆ 0923 86 91 23.
Cette belle église (début du 17e s.) se reconnaît à son clocher baroque au crépi rose pâle. L'intérieur, ample et d'un blanc immaculé, se distingue par les stucs situés au-dessus de l'autel majeur et les statues des *Misteri*, illustrant les derniers moments de la vie du Christ ; ces effigies en bois sculpté (18e s.) sont portées en procession lors de la Semaine sainte.

GIARDINO ET TORRI DEL BALIO

Ce beau jardin a été aménagé au 19e s., à l'occasion des travaux de restauration des anciennes tours que les Normands avaient édifiées comme défense avancée du château. Les tours et le jardin doivent leur nom au terme *bajulo,* désignant le gouverneur normand qui séjournait ici.
Les tours sont aujourd'hui une propriété privée et ne se visitent pas, mais la **vue★** que l'on a du jardin est également impressionnante : toute la ville de Trapani se déploie à vos pieds, avec, en toile de fond, les îles Égades.

TORRETTA PEPOLI

✆ 329 78 23 035 - www.fondazioneericearte.org.
Après avoir fait restaurer en 1870 les Torri del Baglio et aménager le jardin, le baron Agostino Pepoli, descendant d'une très ancienne famille de banquiers de Bologne, fit construire sur un piton rocheux vertigineux, situé en contrebas des tours, une sorte de mini-château digne d'un décor d'opérette.
Devenu son refuge, le castel accueillit les plus grands noms de l'art, des sciences et de la politique, qui se réunissaient à la Torretta autour du baron.
Après des dizaines d'années d'abandon, la Torretta vient d'être restaurée et nommée officiellement « Observatoire permanent de la paix et phare de la Méditerranée ».

CASTELLO DI VENERE

Via Castello di Venere - ✆ 329 78 23 035 - www.fondazioneericearte.org.
Le château occupe l'extrême pointe de la montagne, surplombant la mer et la plaine. Sa construction remonte à la période normande (12e s.), mais l'occupation du site est plus ancienne. C'est ici que s'élevait le temple consacré à Vénus Érycine, déesse particulièrement vénérée dans l'Antiquité. Le temple en ruine fut remplacé à l'époque normande par une forteresse entourée de murs puissants, protégée par sa position naturelle et par les Torri del Balio, alors reliées à elle par un pont-levis. Sur la porte d'entrée, le mâchicoulis aux armes de Charles Quint témoigne du caractère défensif de l'édifice, en contraste avec l'élégante fenêtre géminée.
À l'**intérieur**, les ruines du château normand se mêlent aux vestiges de l'époque romaine et aux remparts datant de la fondation de la ville – dont le fameux mur que la légende attribue à Dédale.
Mais on vient surtout ici pour profiter de l'un des **panoramas★★★** les plus beaux, peut-être, d'Italie : le golfe de Castellammare au bord de la mer Thyrrénienne, le promontoire de San Vito Lo Capo avec le Monte Còfano, puis Trapani, qui s'avance comme une proue dans la mer, les Égades, la route des Salines et, si la visibilité est bonne, les îles d'Ustica et Pantelleria. Et même, mais c'est assez rare, le cap Bon, pointe extrême de la Tunisie, et par extension de l'Afrique.

MURA ELIMO-PUNICHE★

Cette puissante muraille d'enceinte fut érigée sur les fortifications carthaginoises (8e-6e s. av. J.-C.) qui faisaient alors le tour de la ville, rendant le site inexpugnable. Les tours de guet et le chemin de ronde étaient desservis par des escaliers abrupts et percés d'étroites ouvertures permettant le passage des habitants et, peut-être, du ravitaillement. Au cours des siècles, les blocs massifs de la partie inférieure ont été rehaussés de voussoirs plus petits. La partie la mieux conservée longe le Viale dell'Addolorata.

QUARTIERE SPAGNOLO

Via Spatrisano - ✆ 329 78 23 035 - www.fondazioneericearte.org. Expositions temporaires.
Au 17e s., les garnisons de soldats espagnols y étaient postées. Aujourd'hui, l'édifice abrite un **musée** des Arts et Métiers d'autrefois.
Le panorama sur l'arrière-pays, le golfe de Monte Còfano et la *tonnara* de Bonagia, tout en bas, est époustouflant.

il siciliano

Nos adresses

Via dell'Orologio la nuit.
I. Pompe/hemis.fr

Se restaurer

Street food – Déjeuner sur le pouce ou petit creux, l'excuse est toujours bonne pour goûter à ces en-cas gourmands dont les recettes remontent à la nuit des temps. *Pour la description des spécialités typiques voir p. 152.*

Repérez les adresses sur nos plans grâce aux pastilles numérotées (ex. 1). Les coordonnées en rouge (ex. C2) font référence au plan détachable à l'intérieur de la couverture.

LE QUARTIER MONUMENTAL ET L'ALBERGHERIA

Plan de quartier p. 18-19

Street food

40 **Il Panellaro di Ballarò** – **E5** - *Piazza del Carmine ang. Via Giovanni Grasso.*

Moins de 20 €

16 **Moltivolti** – **D5** - *Via Giuseppe Mario Puglia 21 - 327 237 7487 - moltivolti.org.* Un endroit jeune et dynamique qui reflète parfaitement la personnalité multiéthnique du quartier. « Plusieurs visages » a été crée par un groupe d'amis provenant de 8 pays différents, de l'Afrique à l'Asie, et la carte de ce restaurant sicilien/ethnique met en valeur leurs diverses traditions. Ouvert toute la journée pour un café ou un en-cas.

De 20 à 40 €

41 **Bisso Bistrot** – **E5** - *Via Maqueda 172a - 328 131 4595 - bissobistrot.it - fermé dim. - 9h-23h.* À côté des Quattro Canti, dans des locaux qui conservent le souvenir de l'ancienne Libreria Dante, ce bistrot décontracté décoré avec élégance propose une cuisine sicilienne authentique et des pâtes fraîches faites maison. Ouvert toute la journée, il vous accueille aussi pour une pause sucrée ou un *drink*.

42 **La Galleria** – **D5** - *Salita Artale 3 - 091 251 5037 - fermé lun.* Dans une ruelle au calme, derrière la cathédrale, une bonne adresse pour découvrir la cuisine locale. Belle cave et agréable petit extérieur.

17 **Al Vicolo** – **D6** - *Cortile Scimeca 2 - 091 651 4032 - fermé lun. et à midi.* Au cœur de l'Albergheria, cette petite trattoria avec terrasse juste à coté de l'église San Francesco Saverio, propose un menu typiquement régional. Parmi les primi, les busiati (pâtes longues et creuses) et leurs différents assaisonnements sont parmi les spécialités.

Plus de 60 €

43 **MEC Restaurant** – **D5** - *Via Vittorio Emanuele 452 -www.mecrestaurant.it - 091 98 91 901 - fermé à midi.* Outre les collections du musée MEC dédié à l'univers Apple *(www.mecmuseum.it)*, les salles high-tech du Palazzo Castrone – illustre bâtiment datant du 16e s. – accueillent également un restaurant gastronomique où la technologie côtoie la haute cuisine. Celle du chef Carmelo Trentacosti conserve l'inspiration régionale tout en la

M. Marca/Michelin

Antica Focacceria San Francesco.

surpassant dans un triomphe de goûts et de saveurs parfaitement équilibrés.

LA KALSA

Plan de quartier **p. 34-35**

Street food

(1) **Franco U' Vastiddaru** – **F4** - *Via Vittorio Emanuele 102 - ✆ 091 325987 - 9h-23h.*

(10) **Friggitoria Chiluzzo** – **G5** - *Piazza della Kalsa 11 - ✆ 329 061 59 29 - 8h-17h - fermé dim.*

Moins de 20 €

(19) **Antica Focacceria San Francesco** – **F4** - *Via A. Paternostro 58 - ✆ 091 320264 - anticafocacceria.it - 10/20 €.* Devant la belle église San Francesco qui lui donna son nom, cet établissement historique a su conserver son cadre rétro : autour de l'ancien fourneau en fonte, on fait la queue pour commander les focacce farcies, les arancine ou l'incontournable pane ca'meusa, concocté devant vos yeux.

De 20 à 40 €

(21) **Buatta** – **E4** - *Via Vittorio Emanuele 176 - ✆ 091 322378 - www.buattapalermo.it.* Déco en noir et blanc industrielle, qui rappelle qu'on se trouve dans les anciens locaux de la fabrique de valises Quattrocchi, pour ce restaurant très prisé, qui concocte des bons spaghetti alle sarde et un savoureux couscous de poisson.

22 **A'nica** – ***F5*** - *Via Alloro 135 - ✆ 091 982 6011 - www.anicapalermo.it.* Sur l'axe principale de la Kalsa, ce restaurant soignée et au décor épuré propose un menu déjeuner plus simple et un menu dîner plus élaboré. Les deux s'inspirent à la tradition régionale, tout en la déclinant avec légèreté. Également pizzeria.

23 **Casa del Brodo** – ***E4*** - *Via Vittorio Emanuele 175 - ✆ 091 321655 - www.casadelbrodo.it - 13h-14h45, 20h-22h30 - fermé dim. en été, mar. en hiver et 2 sem. en juil. - 25/30 €.* Cette ancienne « soupe populaire », fondée il y a plus de cent ans, est devenue aujourd'hui une référence pour déguster une cuisine sicilienne traditionnelle. Vous y trouverez un abondant buffet d'antipasti, dans le couloir entre les deux salles, et un menu où les légumes, l'huile d'olive et le poisson sont rois. Parmi les spécialités : risotto aux fruits de mer et pâtes aux sardines. Réservation conseillée.

14 **Osteria Ballarò** – ***E5*** - *Via Calascibetta 25 - ✆ 091 326488 - www.osteriaballaro.it - 35 €.* Dans les anciennes écuries du Palazzo Cattolica, une équipe aux petits soins vous proposera des plats simples et copieux, parfaitement bien préparés, tous issus de la cuisine traditionnelle sicilienne. Déco raffinée. À midi, vente de street-food.

De 40 à 60 €

25 **L'Ottava Nota** – ***F4*** - *Via Butera 55 - ✆ 091 616 8601 - www.ristoranteottavanota.it - fermé lun. midi et dim.* Voici un établissement moderne et joyeux, dans l'air du temps, qui propose une cuisine régionale où le poisson a la part belle. Autant la cuisine que le cadre ont beaucoup d'attraits.

gandolfocannatella/iStock

Le typique « pani c'a meusa », le sandwich à la rate.

13 **Osteria dei Vespri** – ***E5*** - *Piazza Croce dei Vespri 6 - ✆ 091 617 1631 - www.osteriadeivespri.it - fermé dim. - 56/90 € - menus 35/40/80 €.* Situé dans le Palazzo Gangi, théâtre de plusieurs scènes du Guépard, ce restaurant ne pouvait souhaiter meilleur emplacement pour sa cuisine de qualité. Plats modernes élaborés avec des produits locaux et vaste choix de vins.

LA CALA

***Plan de quartier** p. 50-51*

Street food

28 **Pani c'a Meusa Porta Carbone** – **F4** - *Via Cala 62 - 091 323433 - 7h30-22h - fermé dim.*

Moins de 20 €

29 **FUD Bottega Sicula Palermo** – **E4** - *Piazza Olivella 4 - 091 611 2184 - www.fud.it - 12h30-1h.* Au menu « chis burger », « veg che bab », « spais potetos »... et d'innombrables autres spécialités régionales. Vous l'avez compris : FUD joue avec les mots, mais pas avec la qualité des ingrédients soigneusement sélectionnés, également en vente sur place. Une adresse jeune sur l'une des places les plus en vue pour dîner à Palerme.

De 20 à 40 €

32 **CiCala** – **E4** - *Via Sant'Alessandro 29 - 091 77 82 543 - fermé à midi sf w.-end.* À l'origine bar à vins avec cuisine, cette adresse est peu à peu devenue un véritable restaurant, sans pourtant renoncer à sa vocation œnologique. Ambiance accueillante et cuisine régionale surtout de la mer.

9 **Aja Mola** – **F4** - *Via Cassari 39 - 091 729 6599 - www.ajamola palermo.it.* « Trattoria di mare » : entre le port et le marché de la Vucciria, une trattoria au style informel et contemporain, où le poisson, les crustacés et les mollusques sont les protagonistes absolus.

Plus de 60 €

11 **Gagini Social Restaurant** – **F4** - *Via dei Cassari 35 - 091 589918 - www.gaginirestaurant.com - 13h-15h, 20h-23h30, fermé 24 et 25 déc. - 40/80 €, menu 75 €.* Des produits frais, toujours de saison, cuisinés avec talent et présentés avec classe, un accueil chaleureux et prévenant, une terrasse dans une rue paisible : tous les ingrédients sont réunis pour une soirée réussie dans ce « restaurant social », adepte d'une certaine philosophie de la vie.

26 **Ristorante Palazzo Branciforte** – **E4** - *Via Bara All'Olivella 2 - 091 321748 - www. ristorantepalazzobranciforte.it - fermé dim. à midi et lun.* Dans les espaces épurés du Palazzo Branciforte, restauré par l'architecte Gae Aulenti, ce restaurant gastronomique offre un cadre élégant qui marie tradition et modernité. Dans l'assiette, la cuisine raffinée et éclectique du jeune chef palermitain Gaetano Billeci s'expose.

IL CAPO ET LA VILLE NOUVELLE

***Plan de quartier** p. 62-63*

Street food

31 **Dainotti's da Arianna** – **C4** - *Via Porta Carini 52 - 340 870 3497 - fermé dim.*

Moins de 20 €

27 **Ke Palle** – **D4** - *Via Maqueda 270 - 091 611 2009 - www.kepalle.it - 10h30-23h.* Avec plusieurs points de vente en ville, cette chaîne propose les

traditionnelles arancine déclinées en 40 versions : à base de ris, de pâtes, salées, sucrées...

30 **I Cuochini** – ***D3*** - *Via Ruggero Settimo 68 - 091 581158 - icuochini.com - 8h-14h, sam. aussi 17h-19h30 - fermé dim.* Une rôtisserie historique cachée dans la cour d'un palais ancien qui sert les spécialités palermitaines en format mignardise (d'où le nom « cuochini » petits chefs) : arancine, panini, timballi, crocchette...

18 **Mercato Excelsior** – ***D4*** - *Via Cavour 133 - 091 324413 - www.mercatoexcelsior.it - 10h30-23h.* « Oratoire des savoirs » dit le sous-titre... Un espace tout nouveau, installé dans l'ancien cinéma Excelsior qui accueille des boutiques gourmandes et des spots de dégustation à thème (la viande, le poisson, le pain, les frites, les pâtes, les glaces..), ainsi qu'un café et une osteria..

33 **Granatelli Pizza e Cucina** – ***D3*** - *Via Principe di Granatelli 33 - 339 875 4484 - www.granatellipizzaecucina.com - fermé sam. midi et lun. soir.* Un restaurant-pizzeria au cadre moderne et accueillant où déguster de bonnes pizzas préparées avec des farines sélectionnées avec soin (pizza vegan au menu). Essayez la pizza Pretoria, à l'insolite forme carrée. Menu-déjeuner à prix très doux.

De 20 à 40 €

34 **Tritalo** – ***D3*** - *Via Principe di Belmonte 84 - 091 609 0678 - 11h30-16h, 19h-24h - fermé mar.* Dans la très chic rue piétonne Via Principe di Belmonte, une « hamburgeseria » de qualité au cadré soignée et moderne qui propose des plats de viande Tous les ingrédients sont sélectionnés avec le plus grand soin. Au menu également un bon choix de salades.

20 **Le Angeliche** – ***C4*** - *Vicolo Abbadia 10 - 0916 1 57 095 - www.leangeliche.it - fermé lun.-dim. et à midi.* Les quatre patronnes de ce bistrot adorable ont voulu rendre hommage, dans le nom, à l'héroïne du *Roland furieux* et, dans leur cuisine, aux vieilles recettes de leurs grands-mères. Un voyage dans l'histoire et la culture de la Sicile.

35 **Kus-kus** – ***C3*** - *Piazza Virgilio 9 - 091 586525 - www.kus-kus.it - 12h-15, 19h30-23h - 10/25 € - réserv. conseillée.* Authentique cuisine trapanese, avec un plat phare, le couscous bien sûr, décliné de plusieurs manières. Bon endroit également pour découvrir la rianata, la pizza traditionnelle de Trapani. Fait aussi « à emporter ».

38 **Trattoria Corona** – ***C3*** - *Via Guglielmo Marconi 9 - 091 335139 - www.coronatrattoria.it - fermé dim. soir et lun.* Prenez le temps de vous promener dans ce quartier élégant : à 10mn du théâtre Politeama, ce restaurant offre une cuisine classique spécialisée dans les plats de poisson. Dans un cadre lumineux et élégant, la famille Corona gère son établissement avec beaucoup de savoir-faire.

39 **U Babbio** – ***D3*** - *Via Principe di Scordia 104 - 091 274 2061 - 11h-15, 18h-01h- fermé lun. et à midi sam. et dim.* « Made in Sicily » est le slogan de cette adresse agréable qui propose une cuisine sicilienne reinterprétée et

originale où tous les ingrédients sont choisis avec soin. L'endroit est aussi une oenothèque et on peut y acheter des produit du terroir.

12 **Sapori Perduti** – ***E3*** - *Via Principe di Belmonte 32 - ✆ 091 327387 - fermé dim. - 30/55 €.* Donnant sur la via Principe di Belmonte, piétonne et verdoyante, un restaurant à la décoration moderne et raffinée, qui n'hésite pas à revisiter les grands classiques de la cuisine sicilienne. Accueil prévenant.

24 **Il Mirto e la Rosa** – ***C1*** - *Via Principe di Granatelli 30 - ✆ 091 324 353 - www.ilmirtoelarosa.com - fermé dim.* Dans un cadre lumineux et accueillant, ce restaurant, fondé en 1987 et pionnier de la cuisine végétarienne à Palermo, offre aujourd'hui une carte plus vaste qui comprend aussi de la viande, du poisson et des pizzas.

Plus de 60 €

15 **A' Cuncuma** – ***D4*** - *Via Judica 21-23 - ✆ 091 887 2991 - fermé dim. soir, lun. et le midi (sf w.-end et j. fériés) - en été seul. le soir - 50/70 €.* La cuisine moderne et inventive de Vincenzo Pinto, qui réhabilite des saveurs oubliées, invite à un véritable voyage gastronomique. Le menu dégustation est une excellente option. Belle carte de vins et conseils judicieux du sommelier.

MONDELLO

De 20 à 40 €

Il Delfino – *Via Torretta 80 - ✆ 091 530 282 - www.trattoriaildelfino.com - 30 € -fermé lun.* C'est toujours bondé, mais le patron vous trouvera bien une place. Le succès de ce restaurant tient à sa formule unique, inchangée depuis 1970 : neuf *assaggi* (petites portions, juste pour « goûter ») d'entrées, trois de premiers plats, deux de plats principaux, tous à base de poisson, et très bons. Conseil n° 1 : venez en ayant faim ; conseil n° 2 : ne mangez pas de pain en attendant le serveur !

Plus de 60 €

Bye Bye Blues – *Via del Garofalo 23 - ✆ 091 684 1415 - www.byebyeblues.it - fermé lun.* Le savoir-faire de la chef Patrizia Di Benedetto a été récompensé : première adresse étoilée de Palerme, Bye Bye Blues a reçu le plus beaux des cadeaux pour fêter ses vingt ans. Dans la salle au décor minimaliste, un grand écran retransmet en direct le travail des chefs en cuisine. De quoi succomber à la soupe de poisson et fruits de mer ou au risotto de petits légumes !

MONREALE

Moins de 20 €

Antica Forneria Tusa – *Via Pietro Novelli 25 - ✆ 091 640 4513 - 8h-20h (14h dim.).* Boulangerie à l'ancienne qui sort de son four au feu de bois de belles miches de pain de campagne, des petits pains au sésame et des gâteaux aux amandes très appétissants.

De 20 à 40 €

Taverna del Pavone – *Vicolo Pensato 18 - ✆ 091 640 6209 - fermé lun.* Sur l'agréable terrasse installée dans une rue piétonne, vous pourrez goûter quelques-uns des grands classiques de la cuisine sicilienne.

Ciambra – *Via d'Acquisto 18 - ✆ 091 640 6717 - www.ciambrarestaurant.it - fermé merc.* Depuis son ouverture, ce restaurant épuré du vieux quartier de Monreale ne désemplit pas. La carte des spécialités de poissons est très soignée. L'été, demandez une des tables dans la rue.

CEFALÙ

De 20 à 40 €

La Botte – *Via Veterani 20 - ✆ 0921 424315 - fermé lun.* Si vous êtes à la recherche d'une cuisine sicilienne authentique, constituée de plats généreux à base de produits frais, cette trattoria située en plein centre historique est faite pour vous. Vous y trouverez une gestion de longue tradition familiale et une atmosphère simple et rustique.

Ostaria del Duomo – *Via Seminario 5 - ✆ 0921 421 838 - ostariadelduomo.eu.* En face de l'escalier qui conduit à la cathédrale, un restaurant simple et familier spécialisé dans la cuisine de la mer et les pâtes faites maison.

Le chat noir – *Via XXV Novembre 17 - ✆ 0921 42 06 97 - ristorantelechatnoir.it - fermé merc.* Dans le dialecte régional, c'est « U jattu niuru » : un bon restaurant de cuisine locale, installé dans une ruelle à deux pas de la majestueuse cathédrale. Ingrédients sélectionnés avec soin et belle carte de vins qu'on peut déguster à la Cantina Natoli.

De 40 à 60 €

Cortile Pepe – *Via Nicola Botta 15 - ✆ 0921 42 16 30 - wwww.cortilepepe.it - fermé merc. et à midi sf dim.* Une cuisine très soignée et élégante dans un cadre épuré. La philosophie du jeune chef Giovanni Lullo est de respecter la matière première et le terroir, pour faire ressortir les saveurs de chaque ingrédient.

CASTELLAMMARE DEL GOLFO

De 20 à 40 €

Egesta Mare – *Via Fiume 10, à l'angle de la Piazza Petrolo - ✆ 0924 30409 - fermé lun. à midi.* On dîne dans la belle salle en pierre et en tuf d'un ancien monastère du 19e s. Le menu suit les arrivages de la pêche. Bon rapport qualité-prix.

La Cambusa – *Via Don L. Zangara 67 - Porto Cala Marina - ✆ 0924 30155 - www.ristorante-lacambusa.it.* Une terrasse sur le port, où l'on sert les poissons pêchés le jour même par le bateau amarré en face. Très bon couscous de poisson. À accompagner d'un vin blanc d'Alcamo.

Plus de 60 €

Il Bavaglino di Giuseppe Costa – *Via Benedetto Saputo 20 - Terrasini, 30 km au nord-est de Castellammare del Golfo - ✆ 091 868 22 85 - www.giuseppecosta.com - fermé mar.* Rénové sans avoir rien perdu de son côté intimiste, ce restaurant se pare désormais de jolis murs blancs et de décorations modernes. La carte gastronomique, elle, n'a pas changé. D'une créativité mesurée, elle aligne de savoureuses recettes colorées, fruit des nombreuses expériences d'un chef talentueux (et étoilé).

SAN VITO LO CAPO

De 20 à 40 €

Gnà Sara – *Via Duca degli Abruzzi 8 - ☏ 0923 972100 - www.gnasara.it - fermé lun. à midi.* Dans une rue parallèle au *corso* principal, on se presse dans la salle sobre (il y a aussi une belle terrasse) pour redécouvrir les plats de la tradition régionale, dont le couscous de poisson, les busiate (pâtes fraîches) confectionnées à la main ou l'incontournable pizza. Très fréquenté, le restaurant ne prend pas les réservations le soir : premier arrivé, premier assis...

Profumi del Cous Cous – *Hotel Ghibli - via Regina Margherita 80 - ☏ 0923 97 41 55 - www.ghiblihotel.it.* Si le couscous est la vedette de la carte, ne négligez pas pour autant les autres spécialités de l'île. Une adresse de charme, surtout l'été, avec sa jolie cour intérieure au milieu des agrumes.

ERICE

De 20 à 40 €

La Pentolaccia – *Via G. F. Guarnotti 17 - ☏ 0923 869099 - www.ristorantelapentolaccia.it - fermé mar.* Une vénérable charrette sicilienne vous souhaite la bienvenue dans cet ancien couvent du 17e s. reconverti en restaurant. À l'étage, deux salles vous attendent pour déguster une cuisine sicilienne de qualité. Important choix d'antipasti. Une institution.

Gli archi di San Carlo – *Via San Carlo 10 - ☏ 339 630 5439 - www.ristorantierice.com - fermé merc.* Le restaurant est situé sous les deux imposantes arcades de l'église San Carlo (d'où le nom) et, plus précisément, dans les locaux autrefois utilisés comme buanderie par le couvent. Outre les spécialités typiques de la région de Trapani, il propose un riche choix de vins et de fromages.

Sirena di Sansica – *Via Lungomare 45 - à 12 km au nord d'Erice en passant par Valderice - ☏ 337 960 849 - www.ristorantesansica.it - fermé mar. à midi.* Face au port, à côté de la tour sarrasine de la tonnara, vaste restaurant populaire accueillant les familles venues se régaler de poisson frais. Une des meilleures cuisines du secteur.

De 40 à 60 €

Monte San Giuliano – *Vicolo San Rocco 7 - ☏ 0923 869595 - www.montesangiuliano.it -fermé lun.* Le cadre médiéval et l'adorable jardinet de ce restaurant accompagnent en beauté une cuisine traditionnelle savoureuse : raviolis à la ricotta en sauce de mérou, couscous de poisson, espadon aux câpres.

Prendre un verre

Repérez les adresses sur nos plans grâce aux pastilles numérotées (ex. 1). Les coordonnées en rouge (ex. C2) font référence au plan détachable à l'intérieur de la couverture.

LE QUARTIER MONUMENTAL ET L'ALBERGHERIA

Plan de quartier p. 18-19

Pâtisseries/glaciers

6 **Pasticceria Cappello** – **C5** - *Via Colonna Rotta 68 - 091 489601 - www.pasticceriacappello.it - fermé merc. sf mai.-sept. - 7h-21h30.* Non loin du Palazzo dei Normanni se trouve l'un des spécialistes du chocolat à la sicilienne. Essayez la Volo, une mousse au chocolat avec une crème à la pistache. Succursale via Nicolò Garzilli 10.

8 **Ideal Caffè Stagnitta** – **E5** - *Discesa dei Giudici 42 - 091 617 2513 - www.idealcaffe.it - 8h-19h - fermé dim.* Dans cette torréfaction fondée en 1928 et située à deux pas de l'église Santa Caterina, vous dégusterez non seulement un bon café mais plusieurs spécialités sucrées à base de café : granites, glaces, brioches, dessert et autres.

9 **Pasticceria Costa** – **E5** - *Via Maqueda 174 - 091 345652 - www.pasticceriacosta.com - 8h30-23h.* Une des pâtisseries les plus réputées et prisées de la ville qui vient d'ouvrir une élégante boutique en plein centre. Venez déguster une sfoglia avec crème vanille et chocolat ou une iris (sorte de petite ciambella frite), farcie à la ricotta et au chocolat.

LA KALSA

Plan de quartier p. 34-35

Pâtisseries/glaciers

3 **Al Cassaro** – **E4** - *Via Vittorio Emanuele 214 - 380 155 2968 - 12h-23h, fermé lun.* Probablement la meilleure glace à la pistache de Palerme. Des gelati fabriqués sur place avec des ingrédients de première qualité.

10 **Antica Gelateria Ilardo** – **G4** - *Foro Italico Umberto I 1 - 091 617 2118 - 12h-24h.* L'endroit ne paie pas de mine, mais depuis des générations les Palermitains y viennent déguster une brioche à la glace ou la granita face au Foro Italico.

11 **Cioccolateria Lorenzo** – **F4** - *Via 4 Aprile 7 - 091 54 94 86 - 9h30-19h30, dim. 9h30-13h30 - fermé lun.* Un petit coin sympa et accueillant, pour reprendre les forces après la visite de la Galleria di Palazzo Abatellis. Le chocolat et les gâteaux y sont excellents. Joli terrasse pour la belle saison.

Cafés

12 **Bar Vabres** – **G6** - *Via Michele Cipolla 129 - 091 617 2014.* Non loin de la gare, un café/pâtisserie un

brin vintage, qui propose des bons cafés et d'appétissantes spécialités sucrées et salées (parmi lesquelles les immanquables arancine) tout au long de la journée. La fierté de la maison est la cassata. Produits également en vente en ligne.

LA CALA

Plan de quartier p. 50-51

Cafés/glaciers

1 Gelateria Cappadonia – ***D3*** - *Via Vittorio Emanuele 401 - ✆ 392 568 9784 - 11h-0h.* C'est incontestablement l'un des meilleurs glaciers de Palerme, mais aussi du pays, selon les guides spécialisés. Le maître glacier Antonio Cappadonia n'utilise que des ingrédient de première qualité si bien que choisir parmi les nombreuses saveurs devient cornélien : bacio di dama, crème au café, noisette des Langhe, amande de Coralto, mûre de Monreale, framboise et fraise de Marsala... Autre adresse Piazzetta Bagnasco 29.

16 Bar Touring – ***E4*** - *Via Roma 252 - ✆ 091 517682 - 6h30-22h.* A coté du Teatro Biondo, le Bar Touring, dont le siège principal se trouve Via Lincoln 15, est la meilleure adresse en ville pour les arancine bomba, la version maxi des classiques arancine. Un bon endroit aussi pour une pause sucrée.

17 Gelateria La Kala – ***F4*** - *Piazza Fonderia 8 - ✆ 329 004 6071 - www.gelaterialakala.it - 10h-01h.* Au port de Palerme, un glacier très apprécié surtout pour ses parfums aux fruits : mûre, setteveli alla frutta, figue de barbarie, figue et noix...

18 Caffetteria Tetathè – ***D4*** - *Via Orologio 14 - ✆ 091 508 6671 - 17h-23h30 - fermé lun.* Dans une ruelle piétonne parmi les plus animées du centre, un salon de thé/cafétéria qui propose aussi de jus frais et des bonnes tartes.

Bar

19 Vespa Café – ***D4*** - *Via Orologio 48 - ✆ 392 395 6614 - 17h-01h - fermé mar.* Dans un cadre qui rend hommage aux fameux scooter, on sirote des bons apéritifs avec des assiettes garnies de charcuterie, de fromages et de bruschette.

mkistryn/iStock

Frutta Martorana.

IL CAPO ET LA VILLE NOUVELLE

***Plan de quartier* p. 62-63**

Bar à fruits

20 **SpremiAmo - La Frutta di Sicilia** – **D4** - *Via Maqueda 264 - ✆ 091 611 5050 - 10h-19h30.* Une adresse particulièrement appréciée en été, pour se rafraîchir d'une salade de fruit ou d'un jus d'agrumes siciliens préparés sur le pouce.

Pâtisseries/glaciers

5 **Pasticceria Il Piccolo Magrì** – **D3** - *Via Mazzini 47 - ✆ 091 584788 - www.pasticceriamagri.com.* Entre le Politeama Garibaldi et le Giardino Inglese, une excellente adresse pour les amateurs de douceurs à la pâte d'amandes.

4 **Al Gelatone** – **D3** - *Via Giuseppe Puglisi Bertolino 23 - ✆ 091 363604 - www.algelatone.com - 11h-1h - fermé janv.-fév.* On vient de tout Palerme déguster les glaces du maestro Peppe Cuti. Des parfums qui sortent vraiment de l'ordinaire (citron au basilic, céleri) à déguster dans une gelateria haute en couleur.

2 **Antico Caffè Spinnato** – **D3** - *Via Principe di Belmonte 107/115 - ✆ 091 749 5104 - www.spinnato.it - tlj 7h-0h.* Ce café, qui a ouvert en 1860 dans l'une des artères les plus chic de Palerme, est désormais une institution. Une agréable terrasse invite à faire une halte pour déguster de délicieuses pâtisseries ainsi que pour un déjeuner léger. Piano-bar les soirs d'été. Autre adresse à deux pas de là : Piazza Castelnuovo 6/17.

24 **Brioscià** – **D3** - *Via Mariano Stabile 198.* Vous y trouverez des brioches sublimes, servies avec une sauce au chocolat, trois parfums de glace ou encore de la crème chantilly. Un vrai délice !

23 **Gelateria Il Signor di Carbognano** – **C2** - *Via Emanuele Notarbartolo 2 - ✆ 091 625 8983 - 10h30-01h.* Un glacier excellent, à deux pas du Giardino Inglese. Venez déguster le parfum Carbognano (noisette et amandes) ou les variantes de chocolat de Modica.

Bar à vin

22 **Premiata enoteca Butticè** – **C4** - *Piazza San Francesco di Paola 12 - ✆ 091 251 5394 - www.enotecabuttice.it - 18h30-24h - fermé dim.* Un bar à vin qui propose des apéritifs et des dîners avec une carte du jour déclinée selon la saison. Mais le protagoniste absolu reste le vin bien sûr !

CEFALÙ

Bar à vin

Le Petit Tonneau – *Via Vittorio Emanuele II 49 - ✆ 0921 421447 - 9h30-1h.* En plein centre du quartier médiéval de Cefalù, une superbe œnothèque au style rustique, où vous pouvez aussi bien acheter que déguster des liqueurs et des vins siciliens notamment. Prenez le temps de siroter un verre sur le balcon qui domine la marina.

Passafiume Cantina Bistrot – *Via Passafiume 6 - ✆ 0921 820404 - 12h-15h, 19h-23h.* À côté de la cathédrale, un bar à vins agréable et accueillant, doté d'une cuisine. On peut donc au choix accompagner un verre de vin d'une assiette de fromages et charcuterie ou bien s'attabler pour un dîner plus complet.

SAN VITO LO CAPO

Pâtisserie

Pasticceria Capriccio – *Via Pier Santi Mattarella 106 - ✆ 0923 972 822 - www.pasticceriacapriccio.it - 8h-13h30, 17h-22h - fermé merc.* Une pâtisserie qui mérite le détour pour ses cannoli farcis sur place, mais aussi pour ses brioches et ses arancine.

SCOPELLO

Boulangerie

Panificio di Stabile e Anselmo – *Via Galluppi 5 - fermé jeu.* Si parfois la queue dépasse l'heure d'attente, c'est à cause du légendaire *pane cunzato* farci de tomates, d'anchois, de fromage et arrosées d'huile d'olive. Un délice!

ERICE

Pâtisserie

Maria Grammatico – *Via Vittorio Emanuele 14 - ✆ 0923 869390 - www.mariagrammatico.it - été : 9h-23h45 ; reste de l'année : 9h-20h.* Quinze années passées au couvent ont enseigné à la signora Maria les secrets et les raffinements de la pâtisserie « religieuse » : gâteaux aux amandes et au massepain, buccellati (gâteaux fourrés à la figue, aux amandes, aux noix et aux raisins de Corinthe), *genovesi alla crema*...

Antica Pasticceria del Convento – *Via Gian Filippo Guarnotti 1 - ✆ 0923 869777 - www.anticapasticceriadelconvento.it - été : 9h30-23h ; hiver : 9h30-20h30 - fermé janv.-mars.* Les douceurs à la pâte d'amandes et les gâteaux traditionnels de Pirro Giacoma n'ont rien à envier aux productions de sa tante, Maria Grammatico. Quelques tables à l'intérieur de cette délicieuse pâtisserie.

Shopping

Les boutiques anti-Mafia – Deux organisations animent la campagne pour une gestion honnête de la société sicilienne : www.addiopizzo.org et www.liberaterra.it. Sur leurs sites, on peut découvrir les produits en vente issus des terres récupérées à la Mafia. Ces associations diffusent des listes de commerces adhérant à leurs objectifs anti racket..

Associazione Liberi Artigiani-Artisti di Balarm – Cette association réunit des artisans travaillant la céramique, le papier, le cuir, les tissus et autres matériaux pour créer des objets originaux et de qualité. Les boutiques se concentrent surtout dans la Kalsa *(www.alabpalermo.it - sur le site et dans les magasins associés, vous trouverez une carte des boutiques avec leurs adresses).*

Repérez les adresses sur nos plans grâce aux pastilles numérotées (ex. 1). Les coordonnées en rouge (ex. C2) font référence au plan détachable à l'intérieur de la couverture.

LE QUARTIER MONUMENTAL ET L'ALBERGHERIA

Plan de quartier p. 18-19

Marchés

8 **Mercato di Ballarò** – ***D5*** - Il s'étend de la Piazza Casa Professa jusqu'au Corso Tukory. Il est spécialisé en produits alimentaires et réputé pour ses bas prix.

18 **Mercato delle Pulci** – ***C5*** - Entre la Piazza Peranni et le Corso Amedeo, brocanteurs et antiquaires exposent des objets de toute époque. Marchandage de rigueur.

Artisanat

4 **La Bottega d'Arte di Angela Tripi** – ***D5*** - *Via Vittorio Emanuele 452 - ✆ 091 70 98 721 - www.angelatripi.it - fermé dim.* Situé à l'intérieur du palais Santa Ninfa, cet atelier est célèbre dans le monde entier pour ses statuettes en terre cuite pour les crèches.

5 **Franco Bertolino** – ***D5*** - *Salita Artale - ✆ 347 057 6923.* L'un des derniers artisans fabriquant les fameuses charrettes siciliennes multicolores. Dans un bâtiment ancien, à deux pas de la cathédrale, sont réunis l'atelier, l'entrepôt-magasin et un petit musée.

LA KALSA

Plan de quartier p. 34-35

Vins et gastronomie

9 **Emporio Pizzo Free** – ***E4*** - *Via Vittorio Emanuele 176 - ✆ 091 976 2286 - 9h30-20h.* Ce commerce adhérant à l'association AddioPizzo propose un vaste choix de produits typiques siciliens : pâtes, vins, sauces, pâtisserie, artisanat…

25 **MadoniEAT** – ***F4*** - *Via Butera 20 - ✆ 091 7521 749 - www.madonieat.com/palazzo-butera - 10h-16h - fermé lun.* Dans le cadre du magnifique

Palazzo Butera récemment restauré *(voir p. 42)*, les meilleurs produits de la région des Madonie, au sud-est de Palerme, en vente ou à déguster sur place.

Bijoux

10 Insimulab – **F5** - *Piazza Aragona 19 - 388 691 82 96 - 10h30-19h30 - fermé lun.* Sur la jolie Piazza Aragona, cette belle boutique propose les bijoux de Simona et Valeria, qui réalisent des œuvres originales avec des matériaux comme le laiton, le cuivre, l'aluminium et les pierres dures.

11 Moma – **F5** - *Piazza Aragona 13 - 330 828 477.* Monica Greco fabrique artisanalement des bijoux très originaux composés de matières insolites : verre, tissus, polymères, métals...

LA CALA

Plan de quartier p. 50-51

Marché

12 Mercato della Vucciria – **E4** - Certainement le plus connu. Son emplacement dans les ruelles, entre le port de la Cala jusqu'à la Piazza San Domenico, en a fait l'un des marchés de prédilection des poissonniers.

Sport

13 Palermo Football Store – **D4** - *Via Maqueda 397 - 091 333624 - https://palermocalcio.it - 9h30-20h.* Les passionnés du foot trouveront dans ce magasin toute sorte de gadget et de vêtements liés aux « rosanero » et au rdc le **Palermo Store Café** *(8h-23h).*

Mode

16 Siculamente – **E4** - *Via Roma 230 - 091 508 44 26 - www.siculamente.it - 9h-20h30.* Des T-shirts et des articles irrésistibles qui jouent avec le dialecte sicilien et un design moderne et jeune. Pour comprendre ce que ces boutades signifient, rendez-vous sur le site où tout est traduit !

IL CAPO ET LA VILLE NOUVELLE

Plan de quartier p. 62-63

Marchés

17 Mercato del Capo – **C4** - Le marché serpente le long de la Via Carini et de la Via Beati Paoli, réservées à l'alimentation, alors que la Via Sant'Agostino et la Via Bandiera sont spécialisées en vêtements et chaussures. En plus des étals multicolores, faites attention aux noms des rues avoisinantes : Sedie Volanti (chaises volantes), Gioia Mia (ma joie), Scippateste (coupe-têtes), car un mari jaloux y aurait autrefois coupé la tête de sa femme et de l'amant de celle-ci !

Vins et gastronomie

3 Enoteca Picone – **C3** - *Via Guglielmo Marconi 36 - 091 331300 - www.enotecapicone.com - 9h-13h30, 17h-23h30, dim. 9h30-13h30.* Le plus grand choix de vins de la ville, mais aussi des liqueurs, des spumanti siciliens et des huiles d'olive.

19 I Peccatucci di Mamma Andrea – **E3** - *Via Principe di Scordia 67 - 392 490 7732 - mammaandrea.it/*

peccatucci - 9h-13h30, 16h-20h. Les « petits pêchés » de Mamma Andrea sont des pralines délicieuses à base de chocolat, amande, pistache. Dans cette jolie boutique, on trouve aussi des confitures très originales, sucrées ou salées. Vente en ligne sur le site.

2 **Libera - Bottega dei Sapori e dei Saperi della Legalità** – ***D3*** - *Piazza Castelnuovo 13 - 091 322023 - lun.-sam. 10h-13h, 16h30-19h30.* La principale boutique palermitaine de l'association Libera Terra vend les produits réalises par des coopératives dans les terres confisquées à la mafia.

Mode et maroquinerie

20 **Rizzo Manufacture Store** – ***D3*** - *Via Ruggero Settimo 74 - 375 517 66 35 - 10h-13h, 16h30-19h30 - fermé lun. mat. et dim.* Rizzo est la référence en ville pour la production artisanale sur mesure de chaussures d'homme de grand qualité. Les vinyles en vitrine témoignent de l'autre grande passion du patron Bizio Rizzo.

21 **Vuedu Factory Shop** – ***D4*** - *Via Sperlinga 32 - 091 331943 - www.vuedu.it - 9h30-13h, 16h30-20h - fermé lun. mat. et dim.* Un espace moderne et accueillant qui expose les collections inspirées par l'architecture de Daniela Vinciguerra et celles d'autres stylistes. De beaux accessoires et des objets de déco design complètent l'ensemble.

AUTOUR DU CENTRE-VILLE

Hors plan

Gastronomie

Pasticceria Palazzolo – *Aeroporto Falcone e Borsellino - Hall des départs 2e étage - 091 591221 - www.pasticceriapalazzolo.com.* Une étape incontournable avant de prendre l'avion, afin de repartir chargé de cassate, cannoli et de pâtes d'amandes.

Marché

Sanlorenzo Mercato – *Via San Lorenzo 288 - 091 672 0288 - www.sanlorenzomercato.it - 10h-22h (24h ven. et sam.).* Bien que sans voiture, la route pour y arriver soit longue, ce nouveau marché est un lieu incontournable en ville. Vous y trouverez les meilleurs produits de centaines de producteurs siciliens. Démonstrations, dégustations, cours de cuisine, conférences et spectacles y sont régulièrement organisés.

CEFALÙ

A Lumera – *Corso Ruggero 180 - 0921 422 038 - www.alumeracefalu.it - 9h-20h.* Une multitude d'objets en céramique, aux formes et aux styles différents, mais tous plus fascinants les uns que les autres. Certains sont des productions maison, d'autres proviennent de Sciacca, Caltagirone et Santo Stefano di Camastra.

ERICE

Bazar del Miele – *Via Cordici 16 - 0923 869181 - www.bazardelmiele.com - 9h-13h, 15h20h - fermé dim. et lun.* Dans cette jolie boutique, vous pourrez goûter et acheter toute la gamme des produits gastronomiques traditionnels siciliens.

Sortir

La **Piazza Olivella** et la **Via dell'Orologio** attirent une clientèle bigarrée. Les trentenaires se retrouvent **Piazza Caracciolo**, tandis que l'ambiance est plus trash dans le quartier de **Ballarò**, entre la Chiesa del Carmine et le Gesù. L'ambiance est chic et branchée **Via Principe di Belmonte**. Mais dès que l'été arrive, les Palermitains se déplacent vers les plages de Mondello, où bars, pubs et *lounge* en bord de mer remportent un grand succès.

Spectacles – Pour vous tenir au courant, consultez le journal gratuit *Lapis (www.lapisnet.it)* et les sites www.balarm.it et www.visitpalermo.it.

Repérez les adresses sur nos plans grâce aux pastilles numérotées (ex. 1). Les coordonnées en rouge (ex. C2) font référence au plan détachable à l'intérieur de la couverture.

LE QUARTIER MONUMENTAL ET L'ALBERGHERIA

***Plan de quartier** p. 18-19*

Théâtre de marionnettes

10 **Vincenzo Argento e Figli** – ***D5*** - *Via Pietro Novelli 1/A - Palazzo Asmundo - ✆ 091 611 3680 - tlj à 17h30 - 12 €.* Une famille persévérante et enthousiaste dont les membres ont su transmettre de génération en génération l'une des plus anciennes traditions artistiques siciliennes.

LA KALSA

***Plan de quartier** p. 34-35*

Théâtre de marionnettes

7 **Antonio Pasqualino** – ***F4*** - *Piazzetta Antonio Pasqualino, 5 - ✆ 091 328060 - www.museomarionettepalermo.it - (8 €/5 €).* Avant ou après le spectacle, vous pourrez visiter ce musée insolite où se trouvent réunies les marionnettes du monde entier.

Bars/brasserie

11 **Birreria Ballarak Magione** – ***F5*** - *Via Castrofilippo 20 - ✆ 344 010 85 59- ballarak.it/magione - 17h30-1h30.* Émanation de la brasserie palermitaine ouverte en 2016 au cœur du quartier de Ballarò (d'où le nom de l'établissement), Ballarak Magione est un endroit accueillant et animé.

14 **Lounge Bar Hotel Ambasciatori** – ***E5*** - *Via Roma 111 - ✆ 091 616 6881 - ambasciatorihotelpalermo.com - ouv. à 18h.* La terrasse de l'hôtel Ambasciatori offre un panorama enchanteur sur la ville qui sera le cadre idéal pour un apéritif ou pour un verre après le dîner.

LA CALA

***Plan de quartier** p. 50-51*

Théâtres de marionnettes

9 **Figli d'arte Cuticchio** – ***D4*** - *Via Bara all'Olivella 95 - ou Oratorio*

di San Mattia alla Kalsa (Via Torremuzza 30) - ✆ 091 323400 - www.figlidartecuticchio.com - 10 €. L'association porte le nom de Mimmo Cuticchio, un puparo légendaire.

Bars

2 **Champagneria bottiglieria del Massimo** – **D4** - *Via Salvatore Spinuzza 59 - ✆ 091 335730 - www.bottiglieriadelmassimo.it - 9h30-3h - fermé dim. sf déc. et avr.-juil.* Un bar à vin sympathique et décontracté, avec une sélection originale. Intérieur boisé ou terrasse agréable pour siroter un verre.

25 **Taverna Azzurra** – **E4** - *Via Discesa Maccheronai 9.* Un authentique lieu de Palerme, au cœur de la Vucciria, qui ne désemplit pas. Facile à trouver, ce bar à vin affiche complet tous les soirs, au point de déborder de clients, qui sortent dans la ruelle, un verre à la main. Prix imbattables et convivialité assurée.

IL CAPO ET LA VILLE NOUVELLE

***Plan de quartier* p. 62-63**

Théâtres de marionnettes

8 **Teatro Stabile Carlo Magno** – **E3** - *Via Collegio di Santa Maria 17 - ✆ 091 814 6971 - www.mancusopupi.it - mar., jeu, ven et sam. (selon calendrier) à 18h - 10 €.* Spectacles traditionnel de pupi siciliani (marionnettes) entre avril et octobre à 18h (10 €).

Spectacles

6 **Teatro Massimo** – **D4** - *Piazza Giuseppe Verdi - billetterie - ✆ 091 605 3580 - www.teatromassimo.it - tlj 9h30-18h - 8 €.* Ne manquez pas l'occasion de découvrir ce somptueux théâtre à l'occasion d'un opéra.

5 **Politeama Garibaldi** – **D3** - *Piazza Ruggero Settimo 15 - ✆ 091 607 2511 - www.orchestrasinfonicasiciliana.it.* Deuxième théâtre de la ville (T p. 61), le Politeama est le siège de l'Orchestre symphonique sicilien. Concerts classiques et de musiques du monde.

HORS DU CENTRE

Spectacles

1 **Cantieri culturali alla Zisa** – **A4** - *Via Gili 4 - ✆ 091 843 1605.* À l'ombre de la Zisa, dans les ex-entrepôts Ducrot, ancienne fabrique de meubles produits à partir des dessins d'Ernesto Basile, ont été aménagés des espaces multidisciplinaires qui accueillent expositions, conférences et projections de films.

Se loger

Réservez longtemps à l'avance : il suffit d'un événement pour que les meilleures adresses soient prises d'assaut. Le petit déjeuner est généralement compris dans le prix de la chambre.

Repérez les adresses sur nos plans grâce aux pastilles numérotées (ex. 1). Les coordonnées en rouge (ex. C2) font référence au plan détachable (à l'intérieur de la couverture).

I QUATTRO CANTI ET L'ALBERGHERIA

***Plan de quartier** p. 18-19*

Moins de 80 €

8 **B & B Abbanniata**– **E5** - *Via Rua Formaggi 13 - ✆ 333 91 78 260 - www.abbanniata.it - 3 ch.* *L'abbanniata* est un terme dialectal qui indique le cri long et modulé d'origine arabe avec lequel, sur les marchés populaires de Palerme, les vendeurs attirent le chaland. À proximité du populaire marché de Ballarò, ce tout nouveau B & B propose 3 suites personnalisées et confortables, dont un studio avec cuisine.

De 120 à 150 €

7 **Palazzo Brunaccini** – **E5** - *Piazzetta Lucrezia Brunaccini 9 - ✆ 091 586 904- palazzobrunaccini.it - 17 ch. -* ✕. Au cœur du centre historique, le Palazzo Brunaccini, qui a fait l'objet d'un travail de restauration scrupuleux, est une adresse où l'élégance du design s'harmonise parfaitement avec le charme de l'histoire.

5 **Il Giardino di Ballarò** – **D5** - *Via Porta di Castro 75-77 - ✆ 091 212215 - www.ilgiardinodiballaro.it - 4 ch.* Au cœur de l'ancien marché de Ballarò, un B & B de charme, décoré avec goût. En été, le petit-déj. est servi dans la cour. Terrasse solarium.

De 150 à 190 €

3 **Palazzo Natoli** – **D5** - *Via Santissimo Salvatore 6-10 - ✆ 091 77 80 666 - www.palazzonatoli.com - 11 ch.* Un boutique-hôtel dont le décor de goût contemporain s'harmonise parfaitement avec le cadre historique du bâtiment, qui date de la fin du 18e et qui conserve plusieurs parties d'origine. Bon petit déjeuner avec produits siciliens de saison.

2 **Quintocanto Hotel and Spa** – **E5** - *Via Vittorio Emanuele 310 - ✆ 091 584913 - www.quintocantohotel.com - 20 ch. et 5 appart. -* ✕. À quelques pas des Quattro Canti, cet hôtel de qualité marie le cadre d'un palais ancien à un décor design. Spa.

LA KALSA

***Plan de quartier** p. 34-35*

Moins de 80 €

1 **Al Giardino dell'Alloro** – **F5** - *Vicolo San Carlo 10 - ✆ 091 617 6904 - www.giardinodellalloro.it - 5 ch.* Au fond d'une ruelle de la Kalsa, chambres confortables où se

marient style contemporain et décor traditionnel. Celles de l'étage peuvent accueillir 3 ou 4 pers. pour 110/145 €. Copieux petit-déj. et bon accueil.

De 80 à 130 €

10 **Hotel Porta Felice** – ***F4*** - *Via Andrea Butera - ✆ 091 617 5678 - hotelportafelice.it - 30 ch.* - ✕. Rencontre entre l'ancien et le moderne, ce bel édifice du 18e s. comprend des chambres spacieuses à l'ameublement design et un espace bien-être tout équipé. Le matin, on prend son petit-déjeuner dans une séduisante salle sur le toit-terrasse luxuriant, avec vue sur le vieux Palerme.

LA CALA

Plan de quartier p. 50-51

De 100 à 150 €

6 **Hotel Posta** – ***E4*** - *Via Antonio Gagini 77 - ✆ 091 587338 - www.hotelpostapalermo.it - 30 ch.* Un hôtel très bien situé, tenu par la même famille depuis des générations. Chambres confortables et agréables.

9 **B & B 22** – ***E4*** - *Via Pantelleria, 22 - ✆ 091 326214 - www.bb22.it - 13 ch.* Nichée au fond d'une ruelle du centre historique, une demeure de charme impeccablement rénovée. Chambres claires, mi-design mi-tradition, belles salles de bains, confortables et jolie terrasse panoramique.

De 150 € à 200 €

11 **Palazzo del Poeta** – ***E4*** - *Via Seminario Italo Albanese 20/ Via del Poeta - ✆ 389 10 72 495 - www.palazzodelpoeta.com - 3 ch.* Dans un cadre élégant et soigné, avec des éléments et un confort contemporains, ce palais du 17e s. dispose de 3 suites vastes et lumineuses. À disposition des hôtes : un grand salon, un living, une bibliothèque avec des livres anciens, un coin bar et une cuisine très complète.

IL CAPO ET LA VILLE NOUVELLE

Plan de quartier p. 62-63

De 100 à 130 €

4 **Hotel Federico II Central Palace** – ***D3*** - *Via Principe di Granatelli 60 - ✆ 091 749 5052 - www.grandhotelfedericoii.it - 65 ch.* Un hôtel à la réputation solide, très bien situé dans une rue calme du centre. Chambres spacieuses et de grand confort. De très intéressantes promotions sur Internet.

CEFALÙ

De 140 à 180 €

Riva del Sole – *Lungomare Giardina 25 - ✆ 0921 421 230 - www.rivadelsole.com - 28 ch.* En bord de mer, un hôtel moderne qui dispose de grandes chambres avec tout le confort souhaitable. Très bonne situation et personnel très professionnel. Prix en chute libre en dehors de l'été.

CASTELLAMMARE DEL GOLFO

De 100 à 150 €

Cetarium – *Via Don L. Zangara 45 - ✆ 0924 533401 - www.hotelcetarium.*

it - 26 ch. Une ancienne tonnara sur le port de plaisance, transformée en hôtel de qualité. Chambres et communs frais et agréables, à la décoration contemporaine très réussie.

Cala Marina – *Via Don L. Zangara 1 - ✆ 0924 531841 - www.hotelcalamarina.it - 14 ch.- fermé janv.-fév.* Les chambres les plus agréables de ce modeste hôtel bénéficient d'un balcon au-dessus du port, les autres, sur l'arrière, jouissent de la vue sur la montagne.

SCOPELLO

De 100 à 150 €

Tonnara di Scopello – *Largo Tonnara Scopello 1 - à 2,3 km du centre - ✆ 339 307 1970 -www.latonnaradiscopello.it - 15 appart.* Dans un cadre d'une beauté naturelle unique, on savoure le calme de l'un des lieux les plus envoûtants de l'île. Les appartements, situés dans différents bâtiments de la Tonnara, sont meublés simplement et disposent tous d'une salle de bains et d'une kitchenette.

SAN VITO LO CAPO

De 100 à 150 €

Hotel Alaba – *Via Giuseppe Mazzini 17 - ✆ 0923 621405 - www.alabahotel.com - 11 ch.* Un nouvel hôtel aux lignes courbes et au design minimaliste pensé par des professionnels du secteur. Chambres dans l'air du temps et jolie plage à quelques mètres.

Hotel Ghibli – *Via Regina Margherita 80 - ✆ 0923 974155 - www.ghiblihotel.it - 16 ch.* Le plus grand soin a été apporté à la décoration des chambres décorées de mobilier d'époque sicilien de style Art nouveau. Cour intérieure au frais et petit espace bien-être. Le restaurant Profumi del Cous Cous est une adresse de charme, surtout l'été, avec sa jolie terrasse intérieure entourés d'orangers et de citronniers.

De 150 à 180 €

Piccolo Mondo – *Via N. Bixio 7 - ✆ 0923 972032 - www.piccolomondohotel.net - 13 ch.* Jolie petite structure à la gestion familiale. Proche de la plage. Les espaces sont particulièrement soignés. Très bon accueil.

ERICE

De 100 à 150 €

Hotel Elimo – *Via Vittorio Emanuele, 75 - ✆ 0923 869377 - www.hotelelimo.it - 21 ch.* Une maison très accueillante, une petite cour rose envahie de plantes d'où part l'escalier qui vous mène à votre chambre, un accueil impeccable et, comme toujours à Erice, une vue à couper le souffle.

Palerme pratique

Préparez votre voyage

Votre séjour de A à Z

Agenda culturel

Couleur locale.
Ch. Boisvieux/hemis.fr

Préparez votre voyage

FORMALITÉS D'ENTRÉE

Documents – Pour un voyage de moins de trois mois, il suffit d'une carte d'identité ou d'un passeport en cours de validité pour les citoyens de l'Union européenne (UE) et de la Suisse, et d'un passeport en cours de validité pour les Canadiens.

Douane – La réglementation concernant les importations est la même dans toute l'Union européenne. Pour plus de précisions, consultez www.douane.gouv.fr.

peeterv/iStock

Vue sur mer.

Santé – Les ressortissants de l'UE bénéficient de la prise en charge des soins s'ils sont munis de la **carte européenne d'assurance-maladie**. Plus d'informations : ✆ 36 46 - www.ameli.fr.

ALLER EN AVION

« Arriver à Palerme » p. 3.

Aéroport Falcone-Borsellino – Punta Raisi, à 30 km au nord-ouest de Palerme par l'autoroute A29 - *www.aeroportodipalermo.it.*

Compagnies régulières

Air France – ✆ 36 54 (0,35 €/mn) ou 0 892 70 26 54 depuis l´étranger - www.airfrance.fr. Vols directs depuis Paris en été.

Alitalia – ✆ 0 892 655 655 (0,35 €/mn) - www.alitalia.com. Escale généralement à Rome ou Milan.

Brussels Airlines – ✆ (0)2 723 23 62 - www.brusselsairlines.com. Vols directs au départ de Bruxelles.

Swiss International Airlines – ✆ 848 700 700 - www.swiss.com. Vols au départ de Zurich.

Compagnies low cost

Les liaisons assurées par les compagnies low cost évoluent en continu. Consultez les sites Internet.

Easyjet – www.easyjet.com.

Ryanair – www.ryanair.com.

Transavia – www.transavia.com..

TUI Fly – www.tuifly.fr.

Volotea – www.volotea.com.

ALLER EN TRAIN

« Arriver à Palerme » p. 3.
Il n'existe pas de liaison directe entre les villes d'Europe du Nord et la Sicile. Il vous faudra donc changer de train à Turin ou Milan et ensuite à Rome ou Naples. Le trajet est particulièrement long pour un prix qui n'est pas spécialement avantageux. Le voyage comprend systématiquement la traversée du détroit de Messine à Villa San Giovanni.
Trenitalia – www.trenitalia.com.

ALLER EN CAR

« Arriver à Palerme » p. 3.

ALLER EN BATEAU

« Arriver à Palerme » p. 3.

ALLER EN VOITURE

À Villa San Giovanni, près de Reggio di Calabria, il faudra embarquer à bord d'un ferry *(traghetto)* en direction de Messine. En raison de la fréquence des traversées, il n'est pas nécessaire de réserver, mais l'attente peut être longue en haute saison.

ARGENT

Monnaie – À Palerme, vous trouverez des distributeurs automatiques de billets (*Bancomat*) partout. Pensez à vous renseigner auprès de votre banque pour connaître les frais appliqués sur les paiements et les retraits d'espèces à l'étranger.
Cartes de paiement – Les cartes de crédit ne sont pas acceptées partout, surtout dans les adresses bon marché et dans les petits villages. Selon le système, vous devrez faire votre « codice PIN » (code PIN) ou signer le relevé.
En cas de perte de votre carte bancaire, voir encadré « Pas de panique ! ».
Change – Pour les visiteurs non issus de la zone euro, il est possible de changer de l'argent en banque, à la poste (sauf les chèques de voyage) et dans les agences de change. Une commission est toujours perçue. Retirer de l'argent aux guichets automatiques s'avère parfois plus pratique et moins cher en terme de commissions.

HANDICAP

Le site qui offre les meilleures informations (cartes, itinéraires, adresses, bons conseils, hébergements) est turismo.comune.palermo.it/palermo-welcome-turismo-accessibile.php

Pas de panique !

Appel d'urgence : 112.
Urgences médicales : 118
Appli mobile : 112 Where Are U (App Store, Google Play et Microsoft Store)
Perte cartes bancaires :
Amex : + 33 (0)1 47 77 72 00,
Master Card : 800 870 866,
Visa : 800 819 014.

SAISONS ET CLIMATS

Palerme est une destination assez facile du point de vue climatique : excepté les mois de juillet et août – très chauds – et de décembre et janvier – journées courtes et pluvieuses –, les autres mois de l'année connaissent un climat agréable, malgré quelques orages de courte durée qui peuvent éclater en automne. Le printemps est l'époque de floraison des orangers, lesquels seront couverts de fruits en novembre. Côté tourisme, la période de moindre affluence touristique couvre les mois de novembre à avril.

HEURE LOCALE

L'Italie appartient au même fuseau horaire que la France, la Belgique et la Suisse et applique les heures d'été et d'hiver aux mêmes dates.

EN SAVOIR PLUS

Avant de partir

Pour organiser votre voyage, vous pouvez vous adresser à l'ENIT (Ente Nazionale Italiano per il Turismo - www.enit.it) de votre pays de résidence :

France – 23 r. de la Paix - 75002 Paris - ✆ 01 42 66 03 96.

Belgique – 28 r. Émile-Claus - 1050 Bruxelles - ✆ 02 647 11 54.

Canada – 365 Bay Street, Suite 503 - Toronto (Ontario) M5H 2V1 - ✆ (00 1 416) 925 48 82.

Office de tourisme sur place, p. 127.

Sites internet

turismo.comune.palermo.it : site officiel de la municipalité de la ville. Vous y trouverez beaucoup d'adresses d'hébergements.

www.visitsicily.info : site officiel de la Sicile.

www.sicile-tourisme.com et **www.lasicile.fr** : sites de voyagistes constituant une bonne source d'information. .

BUDGET

Hébergement

Les hôtels en Italie sont chers et les chambres doubles à moins de 130 € rares en haute saison. En revanche, les prix peuvent chuter de 30 % en basse saison (novembre- mars, hors période de fêtes de fin d'année). C'est sur Internet que vous trouverez les meilleures offres promotionnelles, surtout si vous réservez longtemps à l'avance.

Restauration

L'offre à Palerme est très variée, allant de la *street food* à quelques euros aux restaurants où l'addition s'élève à plus de 40 €/pers.

Visites

Profitez des pass touristiques et des billets combinés. (*p. 126*).

Votre séjour de A à Z

CONSULATS

France – Via Principe di Belmonte, 101 - ✆ 091 583 405 - www.corpoconsolarepalermo.it.
Belgique – Viale della Libertà, 159 - ✆ 091 30 51 32 ou 335 62 09 284.

CONTREFAÇON

Ne vous fiez pas à l'attitude apparemment désinvolte des policiers à l'égard des vendeurs et des acheteurs. Toute personne surprise en train d'acheter un souvenir issu de la contrefaçon risque une forte amende.

ÉLECTRICITÉ

Le voltage est le même qu'en France (220 V), mais l'écartement des prises de branchement varie parfois par rapport aux normes françaises : un adaptateur est donc recommandé.

HÉBERGEMENT

Palerme ne manque pas d'hébergements de qualité, mais ceux-ci sont assez chers. Le choix de B & B reste vaste et d'un bon rapport qualité-prix. Ne négligez pas les promotions des hôtels de catégorie supérieure, qui se révèlent parfois plus intéressantes que les prix d'un hôtel plus simple. Selon la saison, il est parfois possible de négocier. Attention ! De nombreux immeubles ne disposent pas d'ascenseur et sont donc accessibles au prix d'une ascension difficile.
Le site turismo.comune.palermo.it, rubrique « Où dormir » vous propose un large choix d'hébergement. Pensez aussi à des plates-formes de location comme www.airbnb.it ou www.abritel.fr pour des séjours plus longs ou à plusieurs.
Nos suggestions p. 115.

HORAIRES

Banques – Lun.-vend. 8h30-13h30, 14h30-16h30. Le samedi matin quelques agences du centre et des zones commerciales sont ouvertes. N'oubliez pas de prendre un ticket avec un numéro de passage.
Églises – En principe, elles sont ouvertes tous les jours avec une plage de fermeture entre 12h30 et 16h. Les grandes basiliques sont ouvertes de 7h à 18h. Le dimanche matin est réservé aux fidèles pour la messe.
Magasins – À l'exception du centre historique, où beaucoup de magasins sont ouverts sans interruption pendant la journée, les magasins ouvrent en général de 9h à 13h et de 15h30 à 19h30. Fermeture hebdomadaire le lundi. Le dimanche, les pâtisseries sont généralement ouvertes jusqu'à 13h.
Musées et sites – Ils sont ouverts au moins de 10h à 17h, mais les horaires varient en fonction du site et de la saison. Les dernières admissions

interviennent généralement 30mn ou 1h avant la fermeture. Lundi est la journée de fermeture la plus fréquente. Les monuments archéologiques et les parcs ferment environ 1h avant le coucher du soleil, soit aux alentours de 18h au printemps et à l'automne.
Hors saison, certains monuments obéissent à des horaires restreints (ouverts le matin et fermés l'après-midi). Se renseigner avant la visite. Tenez compte du fait qu'en dehors des grandes villes, l'ouverture des sites, des musées et des églises s'en tient davantage à la disponibilité des surveillants et à l'affluence des visiteurs plutôt qu'aux horaires affichés. Dans les petits musées, il est prudent de téléphoner au préalable.

Prévenus, les Siciliens feront de leur mieux pour vous satisfaire.
Les jours des fêtes nationales (*ci-contre*), mieux vaut se renseigner sur l'ouvertures et les horaires.
Pharmacies – Elles ouvrent généralement du lundi au samedi de 8h30 à 12h30 et de 15h à 19h, certaines sans interruption et d'autres 24h/24. Les noms des médecins de garde et des pharmacies ouvertes le soir et le dimanche y sont affichés.
Poste – Les bureaux de postes (Poste Italiane) sont ouverts du lundi au vendredi de 8h20 à 19h05. Ils ferment à 12h35 le samedi et toute la journée le dimanche. Pour plus d'iormations, consultez le site Internet www.poste.it. Prenez un ticket d'attente.

INTERNET

La plupart des hôtels et des B & B offrent une connexion Wi-Fi gratuite. Les principales zones de Palerme offrant une couverture Wi-Fi sont : Piazza Verdi, Palazzo delle Aquile, Piazza Pretoria, Piazza Bellini, Villa Niscemi, Cantieri Culturali ZISA, Villa Garibaldi, Piazza Castelnuovo, Piazza Ruggero Settimo, Piazza San. Domenico, Piazza Caracciolo e Piazza Garaffello.

JOURS FÉRIÉS

Un jour férié se dit *giorno festivo*, un jour ouvrable *giorno feriale*.
1er janvier – Jour de l'an *(Capodanno)*.
6 janvier – Épiphanie *(Epifania)*.
Pâques – *Pasqua*.
Lundi de Pâques – *Pasquetta*.
25 avril – Fête de la Libération *(Liberazione del 1945)*.
1er mai – Fête du Travail *(Festa del Lavoro)*.
2 juin – Fête de la République italienne *(Festa della Repubblica)*.
15 août – Assomption *(Ferragosto)*.
1er novembre – Toussaint *(Ognissanti)*.
8 décembre – Immaculée Conception *(Immacolata Concezione)*.
25 décembre – Noël *(Natale)*.
26 décembre – Fête de saint Étienne *(Santo Stefano)*.
Il faut ajouter à ces dates la fête du saint patron local *(festa del patrono)*, qui à Palerme a lieu le 14 et le 15 juillet *(Festino di Santa Rosalia)*.

LOISIRS

Excursions en bateau/plongée

Motonave Leonardo da Vinci – *Via G. Medici 75 - Castellammare del Golfo - ✆ 0924 34 222 - www.motonaveleonardodavinci.com - juin-sept.* Excursions en bateau d'une journée vers la réserve du Zingaro, San Vito Lo Capo et les faraglioni de Scopello, avec pause baignade et déjeuner à bord.

Catamarano Lionel Richie – *Via Don Leonardo Zangara - Castellammare del Golfo - ✆ 334 80 96 317 - www.catamaranolionelrichie.it.* Excursion d'une demi-journée vers Scopello ou le long du Zingaro.

Caterina Anna Pace – *Via Savoia 20 - San Vito Lo Capo - ✆ 347 86 36 388 - www.escursioniasanvitolocapo.it.* Excursions en bateau ou bus et location de bateaux sans permis.

Nautisub Diving Center – *Via Faro 24 - San Vito Lo Capo - ✆ 328 86 39 465 - www.nautisub.it.* Plongée aux abords de la réserve du Zingaro, notamment à la découverte de grottes marines.

Cetaria – *Via Ciro Menotti 4 - Scopello - ✆ 338 54 45 761 - www.cetaria.it.* Différentes sorties en plongée organisées autour de la réserve du Zingaro.

MARCHÉS

Une visite dans un marché de Palerme est une expérience à ne pas manquer. Nous vous conseillons les marchés suivants : Vucciria (Piazza Caracciolo, *p. 49*), Ballaró (à partir de la Piazza Casa Professa, *p. 31*), Capo (Via Cappuccinelle, *p. 61*) et le moderne Sanlorenzo Mercato (Via San Lorenzo 288, *p. 112*). Ils sont généralement ouverts de 7h30 à 20h du lundi au samedi et le dimanche matin jusqu'à 13h.

MUSÉES, MONUMENTS ET SITES

Pour les horaires, voir p. 123.

Tarifs

Dans tous les musées nationaux, l'entrée est gratuite pour les citoyens de l'EU âgés de moins de 18 ans et, pour tous, le 1er dimanche du mois. À l'occasion de la Nuit des musées (*La Notte dei Musei*) et de la Semaine du patrimoine *(Settimana della Cultura)*, dont les dates sont fixées d'une année sur l'autre, certaines institutions publiques ouvrent leurs portes gratuitement (renseignez-vous auprès des offices de tourisme).

« Visites », p. 132.

Billets combinés

Billet combiné 3 jours – 10 €, il inclut la Galleria Regionale di Palazzo Abatellis, le Museo di Palazzo Mirto et l'Oratorio dei Bianchi.

Billet combiné 3 jours – 10,50 €, il inclut le Palazzo Abatellis et l'un des sites suivants : Castello della Zisa, cloître de San Giovanni degli Eremiti, cloître du Duomo de Monreale, Palazzo D'Aumale Museo Regionale di Storia Naturale et Mostra del Carretto siciliano à Terrasini.

Billet combiné 5 jours – 24 €, il inclut le Palazzo Abatellis, le Castello

della Zisa, le cloître de San Giovanni degli Eremiti, le cloître du Duomo de Monreale, le Palazzo D'Aumale Museo Regionale di Storia Naturale et la Mostra del Carretto siciliano à Terrasini.
Achat dans n'importe quel site concerné.
Conservez bien vos tickets d'entrée. Au verso de nombre d'entre eux, un tampon liste les curiosités où vous obtiendrez une réduction sur simple présentation du billet.

Églises

Une tenue correcte est de mise. Laissez une offrande dans les petites églises ou chapelles : nombreuses sont celles qui survivent grâce aux dons des visiteurs. Et préparez quelques pièces de monnaie, nécessaires pour faire fonctionner certains éclairages.

OFFICES DE TOURISME

Aéroport – Un bureau d'accueil est ouvert dans le hall des Arrivées
Centro Informazione Turistica (C.I.T.) – Ils proposent des plans de la ville, des itinéraires de visite et des informations d'ordre pratique (pharmacies de garde, réservations de billets de spectacles, conseils sur les modes de déplacement, etc.). Ils se trouvent Piazza Verdi 13 (à l'intérieur du Teatro Massimo), Via Maqueda 189, Vicolo Palagonia All'Alloro 10 (près du Giardino Garibaldi), Via Vittorio Emanuele 353 et Via Cavour. Ils sont en général ouverts du lundi au vendredi de 8h30 à 13h30. Un kiosque C.I.T. se trouve également à Mondello (Piazza Mondello).*turismo.comune.palermo.it/palermo-welcome-cit.php*
Unesco Visitor Center – *Via Vittorio Emanuele, 353 - ✆ 091 611 63 68 - arabonormannaunesco.it.* Des informations détaillées sur les sites de l'Unesco, avec cartes et plans.

PARKINGS

Si votre hôtel ne vous propose pas de parking, vous pouvez garer votre voiture dans la rue, mais ne laissez ni bagages ni objets de valeur à l'intérieur du véhicule.
Le **stationnement municipal** se distingue par des bandes au sol, de couleurs différentes : jaunes pour les résidents, bleues pour le stationnement horaire payant et blanches (plus rares) pour le stationnement gratuit. Un des parking les plus pratiques est le Parcheggio Ungheria *(Piazzale Ungheria 40)*.
Attention à la ZTL, interdite aux voitures non autorizées.
Infos sur www.amat.pa.it.
La plus vaste aire de **stationnement gratuit** se trouve sur la Via Lincoln près du jardin botanique.
Si vous optez pour le parking fermé, les plus centraux sont :
Posteggio Venezia – Via Venezia 22 - ouv. 24h/24.
Posteggio A. Pagano – Piazza Parlatoio - ouv. 8h-20h.

POSTE

Les timbres *(francobolli)* s'achètent dans les postes et les bureaux de tabac : comptez 1 € pour envoyer une carte postale ou une lettre (20 g)

en Europe. Les boîtes aux lettres sont rouges.
Poste centrale – *Via Roma 322 - ✆ 091 75 35 392 - tlj sf dim. 8h30-18h30 (sam. 12h).*
Le site www.poste.it recense les bureaux (cliquez sur *Uffici postali*).

PRESSE

Les trois plus grands quotidiens de Sicile sont la *Gazzetta del Sud*, *La Sicilia* et le *Giornale di Sicilia*.

RESTAURATION

Horaires

Le déjeuner est généralement servi de 13h à 14h30, et le dîner de 20h à 23h. Le jour de fermeture hebdomadaire est variable.

Au mois d'**août**, beaucoup de restaurants et de trattorias ferment pendant 2 ou 3 semaines.
Le **vendredi** et le **samedi**, il est conseillé de réserver, mais certaines petites trattorias et de nombreuses pizzerias n'acceptent pas toujours de prendre des réservations. Si c'est le cas, préparez-vous à faire la queue...

Addition

Le pain et le couvert *(pane e coperto)* sont généralement ajoutés à l'addition (2-6 € selon l'établissement). En revanche, le service est le plus souvent compris ; dans le cas contraire, vous trouverez le pourcentage (env. 10 %) indiqué dans le menu. On ne vous réclamera pas de pourboire *(mancia)*, mais il est cependant d'usage de laisser quelques euros après un bon repas.
En général, dans les bars et les snacks on paye d'abord sa consommation à la caisse et, ensuite, muni du ticket *(scontrino)*, on peut commander au comptoir auprès du serveur.
Attention, les cartes de crédit ne sont pas toujours acceptées dans les petits restaurants et les trattorias familiales.

Pour manger sur le pouce...

Si vous n'avez pas beaucoup de temps (ou d'argent), essayez la célébrissime *street food* palermitaine ou l'un des snack-bars, rôtisseries ou *pizzerie al taglio* répartis à travers la ville. En général, ils ne sont ouverts qu'en journée. Les *arancine*, les paninis, les *focacce* et les pizzas vendues à la part dans les boulangeries sont aussi une bonne option pour le déjeuner.
Les « *pizzerie al taglio* » sont des établissements où l'on sert la pizza en quarts (prix au poids), à emporter ou à manger sur place. Elles sont en général fermées le dimanche.

Ristoranti, trattorias, osterias et enoteche

Il n'est pas toujours facile de distinguer nettement ces types d'établissements. En règle générale, dans un **restaurant**, vous trouverez un service et une ambiance soignés, voire élégants. Dans une **trattoria**, on vous servira une cuisine plus simple à des prix abordables, dans une atmosphère animée et conviviale. Dans les trattorias typiques, ne vous étonnez pas si le serveur ou le propriétaire vous énonce à haute voix la liste des plats du jour ; pour éviter toute mauvaise surprise au moment de l'addition, n'hésitez pas à

demander un menu ! Le mot **osteria** est devenu un synonyme de *trattoria*, souvent utilisé dans la dénomination de l'établissement pour donner un peu de couleur locale. Rien à voir avec les *osterie* d'antan, où les hommes âgés passaient leur après-midi devant un verre de vin !
L'**enoteca** (bar à vin) est l'endroit idéal pour déguster un verre de vin en grignotant une assiette de charcuterie ou de fromage.

Un espresso ?

Une institution nationale et un régal pour les amateurs ! Le **café** se prend serré (en Italie, on ne demande pas un espresso, juste un *caffè* ou un *ristretto*, un café très serré). Si vous préférez un café moins fort, demandez dans ce cas un *caffè lungo,* qui correspond plus à l'expresso français. Pour un café « noisette », demandez un *macchiato*. Sans oublier le somptueux *cappuccino*, au lait battu en mousse (pour les plus gourmands, demandez-le *« con cacao »*) et le café glacé.

SANTÉ

Les **farmacie** sont signalées par une croix verte. *Pour les horaires, voir p. 124.*
Pour un médecin d'urgence :
Punto di Primo Intervento (PPI) Palermo Centro – Via Turrisi Colonna 43 - 091 703 22 23.
Pour les autres PPI voir www. guardiamedicapalermo.it.
Ospedale Civico – Plazza Leotta Nicola 4 - 091 66 65 528.
Antica Farmacia Cavour – Via Cavour, 96 - 091 611 9419. Pharmacie de nuit.

SAVOIR-VIVRE

Sous des abords parfois bourrus, les Siciliens vous accueilleront avec sympathie. Voici néanmoins quelques règles pour établir un bon contact.

À ne pas faire

Évitez les grosses plaisanteries sur la Mafia. Beaucoup de Siciliens vous en parleront spontanément et vous diront parfois qu'ils en ont été victimes. Plus généralement, évitez les clichés qui peuvent blesser (notamment la rengaine « l'Italie du Nord fait vivre l'Italie du Sud »).
Ne prenez jamais de photos de personnes sans leur consentement.
Ne froissez pas les Siciliens dans leurs croyances religieuses : respectez les lieux de culte, ne visitez pas les églises pendant la messe et couvrez-vous les bras et les jambes.
Inutile de vous énerver si un musée ne respecte pas les horaires affichés ou si un bus arrive avec 35mn de retard : les Siciliens prennent leur temps... sauf au volant.

Le langage des gestes

Les Italiens parlent avec les mains, mais que disent-ils ? Méfiez-vous de votre interprétation : de grands gestes ne traduisent pas la colère. Ne vous offusquez pas non plus si un hôte un peu âgé vous fait visiter la ville bras dessus, bras dessous. La pratique a été longtemps un témoignage de confiance et d'amitié, même entre deux hommes.

SÉCURITÉ

La Sicile souffre d'une mauvaise réputation, largement exagérée. La présence mafieuse existe bel et bien, mais ne concerne en rien les touristes. Le seul danger contre lequel vous aurez à vous prémunir est le *scippo*, le vol à l'arraché, en particulier dans les grandes villes. Méfiez-vous notamment dans les gares et les stations de bus.
Quelques règles toutes simples suffisent à éviter les mauvaises surprises : ne vous promenez pas avec un appareil photo en évidence, n'emportez jamais de sommes d'argent trop importantes (laissez vos biens les plus précieux dans le coffre-fort de l'hôtel), ne laissez absolument rien dans votre voiture si elle doit passer la nuit dehors et, dans la journée, n'y mettez rien en évidence, faites une photocopie de vos documents d'identité que vous garderez sur vous et conservez les originaux à l'hôtel.
Pas de paranoïa inutile : en dehors des vols, relativement rares, Palerme n'est pas une ville dangereuse pour les touristes.

TABAC

Il est interdit de fumer dans les lieux publics et les transports en commun. Cette interdiction s'applique aussi bien dans les restaurants que dans les bars, pubs ou discothèques.

TAXI

Assurez-vous que le compteur fonctionne quand vous montez à bord. Les tarifs sont moins élevés qu'en France, mais la note peut être salée si vous restez coincé dans les embouteillages. Attention aux tarifications spéciales (dimanche, jours de fête, etc.).
RadioTaxi Trinacria - ✆ 091 68 78 - www.radiotaxitrinacria.it.
Autoradio Taxi Palermo - ✆ 091 84 81 - www.radiotaxipalermo.it.

TÉLÉPHONE

Appels vers l'Italie - Composez le 00 + 39 + n° du correspondant, avec le zéro pour les fixes et sans le zéro pour les portables. Les numéros de mobiles commencent par 3.
Appels depuis l'Italie :
- vers la France : 00 + 33 + n° du correspondant sans le 0 initial ;
- vers la Belgique : 00 + 32 + n° de la zone sans le 0 + n° du correspondant ;
- vers le Luxembourg : 00 + 352 + n° de la zone sans le 0 + n° du correspondant ;
- vers la Suisse : 00 + 41 + n° de la zone sans le 0 + n° du correspondant ;
- vers le Canada : 00 + 1 + n° de la province + n° du correspondant.

Appels nationaux - Pour appeler un numéro de Palerme, composez le 091 (précédé par 0039 si vous utilisez un portable non italien) + le numéro du correspondant. Vers une autre ville italienne, composez l'indicatif de la ville commençant toujours par 0 + n° du correspondant. Pour appeler un portable italien, appelez 0039 + numéro de votre correspondant commençant par un 3.

Roaming international – Les frais d'itinérance n'existent plus au sein de l'Union européenne. Ainsi, un Européen en déplacement dans un autre pays membre de l'Union ne paie aucun surcoût sur ses appels, ses SMS et sa connexion Internet.

TRANSPORTS EN COMMUN

AMAT – *✆ 091 35 01 11 - www.amat.pa.it.*

Tarifs

Billet à l'unité (valable 90mn) - 1,40 € (1,80€ si acheté à bord).
Giornaliero (jusqu'à 24h à partir du jour du compostage) - 3,50 €;
Giornaliero MultiDay 2 giorni - 6 €;
Giornaliero MultiDay 3 giorni - 8 €;
Giornaliero MultiDay 7 giorni - 16,50 €.

Points de vente – Les billets sont en vente aux guichets AMAT (où vous pourrez vous procurer également un plan des lignes) : Via Borrelli 16 - Via Giusti 7/B - Piazza Giovanni Paolo II, à l'angle de la Via A. de Gasperi - Parking Basile (Via Ernesto Basile 83) - Stazione Centrale (la gare centrale). Vous pouvez aussi les acheter dans les bureaux de tabac et chez les marchands de journaux (*edicola*).

Navette gratuite

Arancione - Centro Storico – Elle dessert le centre-ville : Piazza Indipendenza, Via Vittorio Emanuele, Foro Italico, Piazza Magione, Via Roma, Via Maqueda.

VOYAGER DANS LA RÉGION

À l'exception de Cefalù, que l'on rejoint facilement en train, les sites décrits dans ce guide sont difficiles à atteindre par les transports publics depuis Palerme. Il convient de prévoir la location d'une voiture pour arriver aisément à Ségeste, dans le golfe de Castellammare ou à Erice.

VISITES

Visites guidées

Vous trouverez des propositions de visites guidées auprès des C.I.T. (*☛ p. 127*).

Parco Culturale del Gattopardo – *Via Francesco Ferrara, 32 - ✆ 091 62 54 011 - www.parcotomasi.it.* Ce centre culturel propose des parcours thématiques à travers Palerme et la Sicile pour se replonger dans l'atmosphère viscontienne du *Guépard*.

Seecily Tourism Services – *Via Vittorio Emanuele 351 - ✆ 091 50 86 622 - www.infopointpalermo.com.* Cette agence propose un audioguide de la ville, des excursions, des idées d'itinéraires avec ou sans guide.

TerradaMare – *Torre di San Nicolò - via Nunzio Nasi 18 - ✆ 392 888 8953 ou 320 76 72 134 - terradamare.org.* Cette coopérative touristique offre des visites très intéressantes et originales dans les différents quartiers de Palerme.

Guide Turistiche Associate – *✆ 335 81 11 954 -www.guidepalermo.it.* Découverte d'une Palerme classique

et insolite avec l'association des guides GTA, qui proposent des visites personnalisées de la ville.
Alternative Tours Palermo – *338 13 91 870 - alternativetourspalermo.it*. La ville insolite : street art, cemetery tour, Palerme et l'amour...
Palermo Street Food – *334 969 1082 - www.palermostreetfood.com.* Des tours dédiés à la découverte de cette incontournable tradition palermitaine.

Bus touristiques

City Sightseeing Palermo – *091 58 94 29 - www.palermo.city-sightseeing.it* Les cars rouges suivent deux itinéraires : Palermo et Palermo et Monreale.
Ape Tour Palermo – *Via Francesco Paolo Perez,28 - 345 16 42 361- www.apetourpalermo.it*. Plus amusants, ces circuits dans la ville à bord de triporteurs Piaggio (de 1 à 4h - à partir de 70 €/4 pers.), dont certains à thème, comme le Street Food Palermitan Tour.

Calèche

Une façon lente mais très agréable de découvrir la ville. Il est conseillé de négocier le prix au préalable.

VOITURE

La voiture reste le moyen de transport le plus commode pour partir à la découverte des environs de Palerme, mais il est fortement déconseillé de s'en servir dans la ville (*Parkings, p. 127*).
Si vous ne pouvez pas faire autrement que de rentrer dans Palerme en voiture, du Viale Regione Siciliana la sortie la plus pratique pour gagner le centre-ville est celle du Corso Calatafimi, qui débouche sur la Via Vittorio Emanuele. Un GPS est fortement recommandé.
Attention ! Le centre de Palerme est une **ZTL** (zone à trafic limité). Pour y accéder, il faut acquérir au préalable un billet (5 €) auprès des guichets AMAT, dans les bureaux de tabac ou chez les marchands de journaux (*edicola*). Le plan et les informations sur la ZTL se trouve sur mobilitasostenibile.comune.palermo.it.

Conduite et code de la route

Les Siciliens roulent vite, dépassent au mépris des lignes continues et vous collent s'ils vous trouvent trop lent.
Les **autoroutes** sont annoncées par des panneaux verts. Le règlement au péage s'effectue en espèces ou par carte bancaire. Allumer ses feux de croisement est obligatoire le jour sur autoroute et voie rapide. Les **nationales** et les départementales sont balisées en bleu avec inscriptions blanches.
La **vitesse** est limitée à 90 km/h sur route secondaire, 110 km/h sur route à chaussées séparées, 130 km/h sur autoroute et 50 km/h en agglomération.
En cas d'**accident**, un constat devra être établi par un agent de police auquel vous demanderez une copie pour votre assurance.

Agenda culturel

MARS/AVRIL

Erice

▶ **Venerdì Santo** – Le Vendredi saint a lieu la traditionnelle procession des Mystères, avec un défilé de beaux groupes sculptés en bois datant du 18ᵉ s.

Mondello

▶ **Semaine des Pâques** – Reconstitutions en costumes de l'arrivée du Christ à Jérusalem (le dimanche des Rameaux à 17h), de la Cène (le Jeudi saint à 21h) et des stations du chemin de Croix (le samedi précédant le dimanche de Pâques à 11h).

MAI

Monreale

▶ **Festa del Crocifisso** – *1-3 mai.* Trois jours de festivités qui se terminent par une procession dans les rues de la ville.

JUIN

Cefalù

▶ **Festa della Fruttuola** – *14 juin.* Procession profane des anciennes corporations paysannes, qui défilent en tenant un bâton à l'extrémité duquel sont attachés des pains en forme de couronne et des compositions florales.

JUILLET

Palerme

▶ **U Fistinu** – *14-15 juil.* La grande fête en l'honneur de sainte Rosalie, célébrée avec des processions, des défilés en costumes et des spectacles pyrotechniques.

AOÛT

Castellammare del Golfo

▶ **Festa di Maria SS. del Soccorso** – *19-21 août.* Pour la sainte patronne de la ville, une belle procession est organisée en mer, pendant laquelle sont posées sur l'eau des milliers de petites bougies flottantes. Spectacle pyrotechnique.

Cefalù

▶ **Festa del SS. Salvatore** – *2-6 août.* On fête le saint Sauveur. À cette occasion, on pratique la *'nntinna 'a mari* : un mât de cocagne, posé à l'horizontale sur l'eau et enduit de savon, porte à son extrémité l'étendard du Sauveur (à 17h, le 6 août).

▶ **Madonna della Luce** – *14 août.* Procession de barques entre Kalura et Porto Vecchio.

Segesta

▶ **Dionisiache - Teatro di Segesta Festival** –*www.dionisiache.it.* Le théâtre accueille une prestigieuse programmation de concerts et de représentations théâtrales (*p. 91*).

SEPTEMBRE

San Vito Lo Capo

▶ **CousCousFest** – *www.couscousfest.it - juin.* Festival consacré à la gastronomie et à l'œnologie méditerranéennes, qui s'accompagne de concerts de musique ethnique et de rendez-vous culturels.

OCTOBRE

Monreale

▶ **Semaine de la musique sacrée** – Concerts dans différentes églises. Pour plus d'informations, contactez l'office de tourisme.

NOVEMBRE/DÉCEMBRE

Palerme

▶ **Fête des Morts** – *2 nov.* Les enfants reçoivent gâteaux et cadeaux de leurs chers disparus.

▶ **Marathon de Palerme** – *Mi-nov.- www.palermomaratona.it.* Les athlètes sillonnent les rues de la ville ancienne.

▶ **Festival di Morgana** – *Fin nov.- mi-déc. - www.festivaldimorgana.it.* Les marionnettistes et artistes du monde entier se retrouvent au musée international des Marionnettes.

Voir ou revoir

***Le Guépard** de Luchino Visconti (1963), une adaptation exemplaire du roman de Giuseppe Tomasi di Lampedusa paru en 1958 (Seuil et Coll. Points), portée par des acteurs exceptionnels (Claudia Cardinale, Burt Lancaster, Alain Delon). Certaines scènes ont été tournées au Palazzo Valguarnera-Gangi à Palerme* (*p. 38*).

Quelques lectures

***Oublier Palerme**, d'Edmonde Charles-Roux (Grasset, 1966 ; également en Livre de Poche). Le récit nostalgique de l'exilé, qui est obligé de renoncer à ce qu'il a été pour s'intégrer à sa nouvelle vie. Prix Goncourt 1966, le roman a été porté à l'écran par Francesco Rosi en 1990.*

***Palerme est un oignon**, de Roberto Alajmo (La Fosse aux ours, 2009), un portrait insolite et plein d'humour par un Palermitain amoureux de sa ville.*

***Le Goût de Palerme**, de Jean-Paul Mouret (Mercure de France, 2002). Une invitation à visiter Palerme en compagnie d'écrivains tels que Tomasi di Lampedusa, Maupassant, Dumas, Lawrence Durrel, Leonardo Sciascia...*

***Palerme et la Sicile**, de Dominique Fernandez (Stock, 1998). La vision de la ville à travers le regard passionné de Dominique Fernandez.*

Pour en savoir plus

Intérieur de l'église Martorana.
P. Eastland/age fotostock

Repères historiques

DES PHÉNICIENS AUX BYZANTINS

8e s. av. J.-C. – Fondation par les **Phéniciens** de la ville de **Zyz** (« La Fleur »), l'une des trois villes puniques de Sicile, avec Mozia et Solunto. Grâce à son emplacement privilégié et à son intense activité commerciale, Zyz est convoitée par les Grecs qui ont colonisé la partie orientale de la Sicile. Mais ils ne réussiront jamais à la conquérir.

264-241 av. J.-C. – Première guerre punique opposant Rome et Carthage.

254 av. J.-C. – Palerme est prise par les **Romains**, qui la déclarent ville libre. Ils lui accordent le droit de battre monnaie ainsi qu'une préture permettant aux plébéiens d'accéder à la charge de consul de la ville. C'est le début d'une longue période de prospérité pour **Panormus**, qui devient le principal fournisseur de blé de Rome.

445 – **Genséric, roi des Vandales** et l'un des principaux acteurs de la chute de l'Empire romain d'Occident, s'empare de Palerme. C'est le début d'une période sombre, marquée par les pillages et les dévastations, aux mains des Vandales de Genséric et Odoacre puis des Otrogoths de Théodoric.

476 – Fin de l'Empire romain d'Occident.

535 – Conquête de l'Italie par l'empereur byzantin Justinien. **Bélisaire** conquiert Palerme. Mais les Byzantins, qui avaient établi leur capitale à Syracuse, privent Palerme de beaucoup de ses fonctions politiques et administratives. Palerme végète pendant trois siècles.

827 – Les Arabes débarquent à Mazara del Vallo, à l'ouest de l'île

LA VILLE ARABE ET NORMANDE

831 – Conquête de la Sicile par les **Arabes**, qui fondent l'émirat de Sicile et font de Palerme sa capitale. C'est le début d'une période florissante. La ville aux 300 mosquées devient en quelques décennies une cité cosmopolite, prospère et tolérante, où musulmans, juifs et chrétiens vivent en harmonie pendant deux cent cinquante ans. Le sucre, la soie, le coton, l'orange et le citron, la pêche et la grenade sont importés d'Afrique.

962 – Fondation du Saint Empire romain germanique.

1061 – Robert Guiscard et son frère Roger traversent le détroit de Messine avec une bande d'aventuriers normands.

1071 – **Robert Guiscard** conquiert Palerme. La ville devient le centre du pouvoir normand et connaît son âge d'or. Elle voit apparaître la plupart de ses édifices civils et religieux les plus emblématiques.

1130 – **Roger II** devient le premier roi de Sicile. Édification de la **chapelle Palatine** et de la **cathédrale de Cefalù**.

1176 – Édification de la **cathédrale de Monreale**.
1185 – Mariage de Constance de Hauteville, fille de Roger II, avec Henri VI, empereur du Saint Empire romain germanique.
1194 – Mort de Tancrède de Lecce, dernier roi normand de Sicile. Naissance de **Frédéric II de Hohenstaufen,** fils d'Henri VI et Constance de Hauteville.

SOUABES, ANGEVINS ET ARAGONAIS

1198 – Frédéric II, futur empereur du Saint Empire romain germanique, est couronné roi de Sicile à 4 ans. Sous l'égide de ce prince exceptionnel, la cour de Palerme devient le centre de la vie culturelle en Italie du Sud.
1266 – **Charles d'Anjou**, fils du roi de France Louis VIII, prend le pouvoir. La capitale du royaume est transférée à Naples.
1282 – **Vêpres siciliennes**. Palerme se révolte contre les Angevins et fait appel au roi Pierre III d'Aragon pour chasser Charles d'Anjou.
Les **rois d'Aragon** se succèdent sur le trône de Sicile. Palerme connaît deux siècles de désordres dus aux rivalités des seigneurs locaux qui se disputent le pouvoir en l'absence d'un roi trop lointain.

UNE PROVINCE ESPAGNOLE

1494 – **Annexion de la Sicile au royaume d'Espagne**. Palerme est le siège du palais du vice-roi espagnol. La période espagnole est marquée par l'instauration de l'Inquisition, la relance des échanges commerciaux avec les principaux ports de Méditerranée, la construction de nombreux édifices religieux, la réalisation de grands travaux de modernisation de la ville, l'explosion du baroque.
1571 – **Bataille de Lépante**. Victoire de la flotte espagnole contre les vaisseaux turcs. Le roi d'Espagne se pose en champion de la Contre-Réforme catholique.
1624 – Épidémie de peste à Palerme.
1713 – **Traité d'Utrecht**. La Sicile passe aux mains de Victor-Amédée II de Savoie, puis de l'empereur d'Autriche, et enfin, vingt ans plus tard, aux **Bourbons**.
1734 – **Charles III de Bourbon**, roi d'Espagne, se fait couronner roi de Naples et de Sicile à Palerme, mais la capitale du royaume est transférée à Naples.
1803 – Fondation de l'université de Palerme.
1816 – Restauration du royaume des Deux-Siciles, avec Naples pour capitale.
1820, **1848**, **1860** – À Palerme, révoltes contre l'autorité des Bourbons.
1860 – **Expédition des Mille**. **Garibaldi** débarque à Marsala et conquiert Palerme le 30 mai 1860.

PALERME ITALIENNE

1861 – **Victor-Emmanuel II roi d'Italie.** Palerme est à nouveau le centre administratif de la Sicile, et un certain développement industriel et économique voit le jour, soutenu par la famille **Florio** ainsi que par les **Whitaker**.

1893 – Ouverture à Palerme du premier congrès des Fasci siciliani, mouvement populaire socialiste durement réprimé par le Palermitain Francesco Crispi.

Assassinat à Palerme de Emanuele Notarbartolo, gouverneur de la Banque de Sicile, pour avoir dénoncé les mœurs corrompues de la politique et de la finance.

1897 – Inauguration du **Teatro Massimo**.

1918 –Le 4 novembre, l'Italie sort victorieuse de la Première Guerre mondiale après la bataille de Vittorio Veneto contre l'Autriche-Hongrie.

1919 – Fondation des Fasci di Combattimento par Mussolini.

1922 – Marche sur Rome. Mussolini, chef du gouvernement.

1925 – **Cesare Mori**, « préfet de fer » de Palerme, met en place une répression implacable contre la Mafia.

1940 – L'Italie combat aux côtés de l'Allemagne pendant la Seconde Guerre mondiale.

Juillet 1943 – Les **Alliés débarquent en Sicile** et reprennent Palerme. Quarante jours de bombardements aériens détruisent le port et les quartiers environnants (la Kalsa).

Le 3 septembre l'**Armistice de Cassibile**, près de Syracuse, entre le gouvernement Badoglio et les Alliés.

1946 – Abdication du roi Victor-Emmanuel III. Proclamation de la **république italienne** le 2 juin. Promulgation de la **loi sur l'autonomie sicilienne**. Le parlement sicilien siège au palais des Normands.

1950 –Mise en place de la Réforme agraire. Début du « sac de Palerme », dix ans de spéculation immobilière qui allaient aboutir à la destruction de nombreux édifices Liberty de la ville et à l'urbanisation incontrôlée de l'ensemble de la Conca d'Oro.

1968 – Tremblement de terre du Belice, au sud de Palerme.

1982 – Le 3 septembre, assassinat à Palerme par la Mafia du préfet **Carlo Alberto Dalla Chiesa**.

1985 – Premier mandat en tant que maire de Palerme de **Leoluca Orlando**, farouche artisan de la lutte contre la Mafia et la corruption. Début du « printemps de Palerme ».

1986-1992 – « Maxiprocès » à Palerme contre 460 *mafiosi*.

1992 – Opération « mains propres » contre les manipulations politico-économiques. Assassinat par la Mafia, à Palerme, des juges **Giovanni Falcone** (23 mai) et **Paolo Borsellino** (19 juillet).

1993 – Arrestation du « capo dei capi » de la Mafia, **Totò Riina**.

2000– **Convention de Palerme**, signée par les Nations-unies contre la criminalité organisée.

2006 – Arrestation de **Bernardo Provenzano**, capo de la Mafia.

2012 – **Leoluca Orlando** élu pour la 5e fois maire de Palerme.

2013 – La Sicile vote massivement pour le Movimento 5 Stelle de Beppe Grillo.

2015 – L'itinéraire arabo-normand de Palerme, les cathédrales de Cefalù et Monreale sont inscrits au **Patrimoine mondial de l'humanité par l'Unesco**.

2018 – Palerme, Capitale italienne de la culture.

Roger et Frédéric

Ils reposent côte à côte dans la cathédrale de Palerme. **Roger II de Hauteville** (1095-1154), le grand-père, et **Frédéric II de Hohenstaufen** (1994-1250), le petit-fils, ont été les grands artisans de Palerme. Le premier a fondé le Royaume de Sicile et le second l'a conduit à son apogée, portant Palerme au rang de capitale des arts et des sciences.

ROGER II DE HAUTEVILLE

C'est lui que l'on voit dans une mosaïque de la Martorana, à l'entrée de l'église. La tête penchée en signe d'obéissance, il reçoit la couronne de Sicile des mains du Christ. On était le 25 décembre 1130, Roger II de Sicile avait 35 ans. Il venait d'unifier les territoires conquis par les Normands en Italie du Sud et de soumettre leur clergé au pape Anaclet II. En échange le souverain pontife le couronne roi de Sicile, Calabre et Apulie (les Pouilles).

Descendant d'aventuriers

Pourtant, rien de moins « divin » que ce roi. Roger II est le fils de **Roger de Hauteville**, le cadet de douze frères, dont le célèbre **Robert Guiscard**, qui étaient venus se mettre au service des Grecs d'Italie du Sud en lutte contre les Byzantins. Après avoir servi les autres, ces aventuriers normands aux origines obscures préférèrent se battre pour leur propre compte et constituèrent en Italie méridionale des petits comtés, duchés et royaumes arrachés à l'Empire byzantin.

Premier roi de Sicile

Ayant hérité de son père le royaume de Sicile en 1113, Roger II, que l'on décrit « d'une inquiétante dureté, d'une ambition sans limites », fait preuve d'une intelligence hors du commun pour pacifier et réunifier en moins de quinze ans les petits États fondés par ses oncles. À la mort de son oncle Guillaume en 1127, il dirige à 32 ans le sud de l'Italie et la Sicile.

Un roi éclairé

Roger a été élevé à Palerme, dans un environnement caractérisé par le métissage d'une population où se côtoient Grecs, Byzantins, Juifs et Arabes. Lui-même parle arabe et s'entoure volontiers de conseillers issus des dynasties musulmanes. Cette tolérance envers les diverses croyances de son royaume fait de lui le promoteur d'un nouveau modèle politique, qui trouve son expression la plus concrète dans les fameuses **Assises d'Ariano**. Promulgué en 1140, cet ensemble de lois traite du droit ecclésiastique, des finances, du commerce, de la monnaie, du droit privé, du droit pénal et du droit public. Il garantit l'équilibre entre les droits de la Couronne et ceux des vassaux.

Après une vie de lutte contre le Saint-Siège et d'expéditions menées pour conquérir des possessions en Grèce et en Afrique du Nord, Roger II s'éteint à Palerme le 26 février 1154.

P. Eastland/age fotostock

Roger II couronné par le Christ, église Martorana.

FRÉDÉRIC II, STUPOR MUNDI

Ce surnom a été donné de son vivant à Frédéric de Hohenstaufen. Il illustre à quel point la personnalité fascinante de cet esprit exceptionnel a marqué le sud de l'Italie, la Sicile et les Pouilles en particulier.

Petit-fils de Roger II de Hauteville par sa mère Constance, Frédéric II de Hohenstaufen est aussi le petit-fils de Frédéric Barberousse et l'héritier du titre d'**empereur du Saint Empire romain germanique**. Roi des Romains à 2 ans, roi de Sicile, duc des Pouilles et roi d'Allemagne à 4 ans, il porte très tôt le fardeau d'un héritage prestigieux, bien loin des origines mercenaires de sa famille maternelle.

Délices de l'enfance

Frédéric doit beaucoup à Palerme, théâtre de son enfance et berceau de son immense culture : son attirance pour la civilisation de l'islam, sa largesse d'esprit, sa tolérance religieuse, sa connaissance des langues, dont le latin, le grec, l'arabe et l'hébreu, son goût du faste, mais aussi son autorité, sa méfiance et parfois sa tyrannie. Il est marqué à jamais par les vestiges de cette grandiose civilisation arabo-normande, synthèse de l'Orient et de l'Occident – « lieu de rêverie et de délices ininterrompues », se souvient-il. Ces premières années forgeront à jamais un amour indéfectible pour son vaste royaume de Sicile comprenant l'Apulie, certaines villes de Campanie, la partie méridionale du Molise et des Abruzzes, la Basilicate et la Calabre.

Un empereur organisé

Couronné empereur à 21 ans, il aspire à construire un empire universel et promulgue un ensemble de lois, les **Constitutions de Melfi**. Considérées comme l'acte de naissance de la bureaucratie moderne, elles serviront de socle à l'essor économique du Sud de l'Italie. Son mariage avec Yolande de Brienne lui vaut le titre symbolique de roi de Jérusalem. Bravant la sentence d'excommunication lancée contre lui par le pape pour n'avoir pas pris la croix, et aussi pour son amitié avec le sultan Malik-Al-Khamil, il réussit l'exploit de mener en Terre sainte la seule croisade pacifique, grâce à ses talents diplomatiques auprès du sultan, dont il obtient la restitution des lieux saints à la chrétienté pendant dix ans. Lors de son sacre, aucun dignitaire n'étant présent à la cérémonie, il posera lui même sa couronne sur son front, tel Napoléon six siècles plus tard.

Le pouvoir de la langue

Prince érudit, il aime s'entourer d'artistes de toutes les confessions, d'hommes de lettres, de mathématiciens, d'astronomes. On lui doit la fondation de l'université de Naples, ainsi que la création de l'école de médecine de Salerne. Il est à l'origine de l'**école poétique sicilienne** et de la naissance d'une langue sicilienne brillante et savante, épurée de ses termes populaires, qui influencera progressivement la poésie italienne. Dante lui rendra hommage dans son *Convivio*, le baptisant « le dernier des empereurs romains ».

Le prince aux 200 châteaux

Frédéric II s'inspire de ses voyages en Orient pour la construction de plus de 200 châteaux et palais, symboles de son pouvoir. Dans l'emblématique Castel del Monte, dans les Pouilles, il assouvit sa passion pour la chasse au faucon, et rédige même un traité de fauconnerie, intitulé *De arte venandi cum avibus*.

Gloire posthume

Le projet d'un grand empire s'éclipse avec sa mort en 1250. Moins glorifiée que celle de ses contemporains, saint Louis ou saint François d'Assise, l'image de Frédéric II fut, pendant des siècles, ternie par ses rapports difficiles avec la papauté, qui l'avait excommunié deux fois puis finalement déposé au concile de Lyon : les papes successifs craignaient cet esprit indépendant ainsi que son mode de vie trop oriental à leur goût.

Ce n'est qu'à la fin du 19e s. que l'historiographie allemande s'empara de la figure de Frédéric II pour lui donner une dimension mythique, faisant de lui l'archétype extratemporel du **prince de la Renaissance**, ayant vécu dans un monde médiéval qui n'avait pas su saisir son génie précurseur.

La main anonyme qui grava sur son cercueil dans la cathédrale de Palerme *vivit et non vivit* (il ne vit plus et pourtant il vit encore) avait saisi la pérennité de son aura.

Splendeurs et misères des Florio

2 750 000 lires, tel est le prix payé par Ignazio Florio pour acheter l'archipel des Égades en 1874. C'était une somme faramineuse, mais à peine plus élevée que le prix du collier de perles de sa célèbre belle-fille Franca. C'est que, dans la famille Florio, on n'en était pas à quelques milions de lires près.
Les Florio furent, au 19e s. et jusque dans les années 1910, la famille la plus en vue de la Belle Époque et la plus riche d'Italie. En deux générations, ils ont apposé leur emblème (un lion buvant l'eau d'une rivière) à pratiquement tous les secteurs d'activité de l'île. S'il est vrai que les fils de la 4e génération, Ignazio Jr et Vincenzo, n'ont pas bénéficié d'une conjoncture économique très favorable, les villas de luxe, les fêtes fastueuses, les femmes, les bijoux et les courses automobiles ont englouti en quelques dizaines d'années une fortune colossale.

PAOLO, L'ÉPICIER CALABRAIS

En 1783, le fondateur de la saga, **Paolo Florio** (1772-1807), quitte sa Calabre natale pour monter à Palerme une petite droguerie spécialisée dans la vente d'épices et en particulier de quinine, très demandée à une époque où la malaria sévissait dans toute l'Italie du Sud. Grâce à son intelligence du commerce, il laisse à son fils Vincenzo un négoce prospère, l'un des plus florissants de Palerme.

VINCENZO, LE VISIONNAIRE

Avec un génie des affaires exceptionnel, **Vincenzo Florio** (1799-1868) se lance dans de nombreuses entreprises industrielles : les vins de marsala (les Cantine Florio), les transports maritimes avec une flotte qui dessert les grands ports de la Méditerranée, l'extraction du soufre, avec la fondation de l'Anglo-Sicilian Sulphur Company Limited, la production de thon pour laquelle il loue toutes les *tonnare* des îles Égades. Devenu sénateur du royaume d'Italie, il meurt à Palerme en 1868, léguant à son fils **Ignazio** un héritage estimé à 12 millions de lires, soit trente fois son patrimoine initial.

IGNAZIO, L'ADMINISTRATEUR

Ignazio (1838-1891) n'a pas diversifié les activités de la famille mais, avec une grande maestria, il les fit croître et consacra sa vie à consolider la fortune familiale. C'est lui qui acquiert en 1874 les îles Égades, pour ne plus avoir à louer les *tonnare*. Il crée une grande conserverie à Favignana où il expérimente un nouveau mode de mise en conserve : au lieu d'être plongé dans le sel, le thon est préparé pour la première fois dans l'huile et mis en boîtes métalliques. Le procédé sera ensuite exporté dans le monde entier. C'est avec lui que la « flotte Florio » acquiert le monopole du service postal en Italie du Sud. Comme son père, il devient sénateur du royaume d'Italie en 1883.

IGNAZIO JR, LE PRODIGUE

Ignazio Jr (1869-1957) succède à son père en 1891 et poursuit avec succès durant plusieurs années les activités de la famille, à la tête d'une fortune colossale. La banque, les chantiers navals de Palerme, la fonderie, le sel, le vin des Cantine Florio, la production de thon, la métallurgie, le journal *L'Ora*..., et surtout la Società di Navigazione Italiana (SNI), l'une des plus grosses flottes commerciales européennes (99 navires). Son empire comprenait aussi le Teatro Massimo de Palerme, qu'il ambitionnait de faire rivaliser avec l'Opéra de Paris, et la ravissante Villa Igiea, petit bijou Liberty qu'il avait commissionné à son ami Ernesto Basile.

Son mariage en 1893 avec la ravissante baronne **Franca Jacona della Motta** associe argent et noblesse. Les Florio deviennent l'une des familles les plus en vue de la société mondaine de la Belle Époque. La jet set internationale converge vers Palerme, surnommée « Floriopolis ». Tout ce qui compte de têtes couronnées et d'artistes prestigieux sont reçus au Villino Florio par l'*étoile d'Italie*, comme le Kaiser Guillaume II surnommait Franca : le roi Édouard VII, la princesse Alexandra du Danemark, mais aussi le peintre Bergler, l'écrivain Gabriele d'Annunzio, le peintre Giovanni Boldini, qui fit d'elle un célèbre portrait... Pour la petite histoire, Franca Florio fut, dans les années 1900, l'une des premières femmes à subir une opération de chirurgie esthétique à Paris.

Mais à partir de 1908, la roue de la fortune commence à tourner. Pendant que **Vincenzo Jr** (1883-1959), le frère cadet d'Ignazio, dépense les biens familiaux en créant la course automobile d'endurance **Targa Florio** – qui acquerra une notoriété aussi importante que les 24h du Mans –, Ignazio connaît ses premières difficultés financières.

Ses activités troubles avec la Banque de Sicile ayant conduit à la faillite de la banque, il doit céder la SNI à la Banca Commerciale Italiana. Après ce sauvetage insuffisant, il hypothèque ses activités, qui seront également rachetées par la Banca Commerciale. En quinze ans, l'empire de la famille la plus florissante d'Italie disparaît. Franca, vend ses bijoux, les biens de la famille sont hypothéqués pour rembourser les dettes. Elle décède en 1950, en Toscane.

Les dernières années de la vie d'Ignazio sont marquées par la solitude la plus complète. Il meurt à Palerme le 19 septembre 1957. Le destin n'a pas épargné Ignazio : son unique héritier mâle, surnommé Baby-Boy, mourut à 8 ans, sa fille aînée, Giacobina, à 9 ans. Sa dynastie s'est définitivement éteinte en 1989, avec le décès de sa fille Giulia, sœur aînée d'Igiea.

Un modèle de syncrétisme

Pendant trois mille ans, Romains, Arabes, Byzantins Normands et Espagnols se sont enchaîné, parfois pour un laps de temps très court, selon le caprice d'un pape, d'un roi, d'un empereur ou même de sa population ! Mais aucune civilisation, en succédant à la précédente, ne l'a effacée. Au contraire, Palerme constitue un exemple remarquable de syncrétisme culturel, où ces différentes influences se mêlent et s'enrichissent mutuellement pour donner le jour à un style inconnu ailleurs, d'une richesse extraordinaire et d'une rare élégance.

L'ART ARABO-NORMAND

Quand, en 1061, Robert Guiscard et Roger Ier de Hauteville envahissent la Sicile dominée par les Arabes, leur tolérance envers la diversité culturelle de l'île permet l'éclosion d'un art d'une originalité exceptionnelle.
Roger II, premier roi de Sicile, pour l'édification de sa capitale, a employé des architectes byzantins et arabes, qui utilisaient des techniques artistiques héritées de leurs propres cultures : décorations à motifs géométriques, incrustations de pierres de couleur, protagonisme de la mosaïque, sculpture de l'ivoire ou du porphyre, sculpture des pierres dures.
L'un des exemples les plus somptueux de cette fusion de styles est la **chapelle Palatine**, voulue par Roger II en 1130, qui associe avec élégance l'architecture normande, les mosaïques byzantines, les arcs fatimides et les plafonds à muqarnas.
Autre exemple, la ravissante petite église de **San Cataldo**, sur la Piazza Bellini, avec sa forme cubique et ses trois coupoles rouges en bonnet d'eunuque, qui ne serait pas du tout déplacée à Damas et dont l'intérieur, en revanche, présente la sobriété des édifices romans.
Le style de la somptueuse **cathédrale de Monreale**, quant à lui, est généralement décrit comme « normano-arabo-byzantin », la partie orientale (abside et chevet) ayant été édifiée par une équipe arabe, pendant que la partie occidentale était confiée à des confrères normands et l'intérieur décoré par des artistes byzantins.

LE STYLE CHIARAMONTAIN

Les deux siècles de domination des Aragonais à Palerme ont été marqués par les luttes entre les grandes familles nobles qui se disputent le pouvoir. Parmi elles, les Chiaramonte ont imposé un style architectural inspiré du gothique catalan, auquel se sont ajoutés certains éléments arabes : façades sévères de résidences-forteresses, ornées d'incrustations et percées de fenêtres à baies jumelées, comme on le voit au **Palazzo Steri**, au **Palazzo Abatellis** et au **Palazzo Sclafani**.

Enseigne Liberty de l'ancien Panificio Morelli, Via Cappuccinelle, représentant la déesse Cerere.

L'EXPLOSION BAROQUE

À partir du 16e s., la domination espagnole se fait sentir dans le domaine artistique. En quelques années, un baroque exubérant, d'esprit plus hispanique qu'italien, explose en Sicile. C'est le triomphe des stucs, des marqueteries polychromes, des colonnes torsadées, des grilles ouvragées, des courbes et contre-courbes... Un catholicisme triomphant est mis en scène face aux deux grandes menaces du 16e s. : les musulmans, vaincus à la bataille de Lépante en 1571, et la Réforme, à laquelle répond le concile de Trente qui se clôt en 1563.

Formés pour la plupart à Rome, les architectes palermitains s'inspirent des chefs-d'œuvre du baroque romain, tout en sachant le dépasser par l'outrance des formes, des volumes, des sujets iconographiques dans la décoration sculptée.

San Giuseppe dei Teatini et sa belle coupole décorée de majoliques, la **Chiesa del Gesù,** la plus emblématique des églises baroques de Palerme, l'**Oratorio di Santa Cita**, où **Serpotta** a atteint le sommet de son art, l'émouvante **Martorana**, étonnant mélange d'art arabo-normand et baroque, **Sant'Anna**, célèbre pour le bel équilibre de sa façade convexe puis concave, les exemples baroques dans l'architecture religieuse de Palerme sont nombreux. L'illustration la plus étonnante du baroque palermitain reste la place des **Quattro Canti**, construite en 1609 par Giulio Lasso. Ses quatre façades concaves, à trois ordres superposés, inscrivent la figure géométrique du cercle dans le carré délimité par le croisement des deux rues. Rien ne manque à cette scène de théâtre. Même pas la lumière du soleil, qui éclaire tour à tour chacune des quatre façades.

LA PASSION LIBERTY

Après l'annexion de la Sicile au Royaume d'Italie en 1860, Palerme se modernise. De nouvelles voies sont percées : Via della Libertà, Via XX Settembre, Viale Regina Margherita, où s'alignent les belles demeures d'une bourgeoisie industrielle, prospère et friande de nouveautés. À la différence de Turin et Milan, le Liberty s'est développé plus tôt et de façon plus originale à Palerme. Cela grâce à deux personnalités dont la renommée dépasse les frontières de leur ville natale : l'architecte moderniste **Ernesto Basile** et l'ébéniste **Vittorio Ducrot**, propriétaire d'un magasin de meubles décisif pour la diffusion du style.

La construction du **Villino Florio** (1899-1902), l'un des premiers exemples d'architecture Liberty connus en Italie, révèle le talent de Basile. Sa collaboration avec Ducrot produit de véritables œuvres d'art, comme l'exceptionnelle salle de la **Villa Igiea**, ou la maison d'Ernesto Basile, la Villa Ida. L'itinéraire Liberty de Palerme comprend également la Villa Favaloro-di Stefano, le Teatro Massimo, sans oublier les villas qui longent la plage de Mondello, le *lungomare* le plus Liberty d'Italie.

Que la fête commence !

Célébrations religieuses ou festivités profanes, les fêtes traditionnelles en Italie du Sud sont toujours l'occasion de manifestations populaires richement parées. C'est l'occasion de renouveler l'expression d'une ferveur sincère et de raffermir le sentiment d'appartenance à un groupe, à travers la répétition de gestes millénaires qui font plonger le visiteur aux sources de l'histoire. Voici les rendez-vous les plus attendus à Palerme.

SANTA ROSALIA

Selon la légende, pendant la terrible épidémie de peste qui dévastait Palerme en 1624, **Rosalia Sinibaldi** (1130-1156), la très sainte demoiselle d'honneur de la reine Sybille, serait apparue en songe à un chasseur. Elle aurait indiqué l'endroit où se trouvaient ses restes et ordonné au chasseur de les porter en procession pour arrêter l'épidémie.
Devenue grâce à ce miracle la sainte patronne de Palerme, au détriment de Santa Cristina, Santa Oliva, Santa Ninfa et Sant'Agata, Rosalia a fait l'objet depuis lors d'une ferveur populaire immense, qui n'a jamais faibli.
U Fistinu commence le 10 juillet et se prolonge pendant cinq jours. Le clou a lieu le 14 juillet, avec le défilé de la sainte sur le char triomphal en forme d'immense bateau, dont le parcours est ponctué de spectacles de danses et de chants, sans oublier l'arrêt aux Quattro Canti pour l'hommage du maire de Palerme. Le défilé se termine au Foro Italico, où il est accueilli par les lumières pétaradantes d'un somptueux feu d'artifice. Le lendemain, les reliques de la sainte sont portées en procession solennelle de la cathédrale à Piazza Marina.
La fête se termine à minuit, avec le retour à la cathédrale de la précieuse urne en argent, aux cris de *Viva Palermo e Santa Rosalia !*

LA FÊTE DES MORTS

Le 2 novembre, la fête des Morts est une vraie réjouissance familiale, organisée pour les enfants. On les emmène dans les catacombes afin qu'ils touchent les os et gardent le contact avec les morts. On leur offre des *ossa dei morti,* un délicieux biscuit recouvert de sucre blanc, que l'on achète aux marchands ambulants dans la rue, on leur apporte des cadeaux, au nom des ancêtres de la famille soucieux de gâter leur descendance. Un peu comme à Noël.

L'épopée des pupi

Jusqu'à une époque récente, dans les classes populaires, la culture était essentiellement orale. Les conteurs de rue *(cantastorie)* étaient capables de tenir en haleine un public enthousiaste, en récitant les multiples combats réels ou imaginaires menés par les rois, et en particulier les rois de France.

Ces histoires se retrouvaient peintes sur les charrettes et racontées à leur tour aux enfants, ou bien mises en scène dans des spectacles de marionnettes, les *pupi*, très en vogue à partir du 16e s. Ces spectacles ont été suivis par un public enthousiaste jusque dans les années 1960.

Depuis une cinquantaine d'années, ils ont peu à peu disparu. Seules quelques familles de *pupari*, à Palerme et Catane, tentent de perpétuer une des traditions les plus originales de Sicile, inscrite en 2011 à la liste du Patrimoine oral et immatériel de l'humanité par l'Unesco.

L'INTRIGUE

Les marionnettistes, ou *pupari*, racontent surtout des histoires chevaleresques extraites de *La Chanson de Roland,* de *La Jérusalem délivrée* du Tasse ou du *Roland furieux* de L'Arioste. Ils rédigent un texte reprenant la trame de l'intrigue, mais en multipliant les combats entre paladins français et Sarrasins, car la bataille est le temps fort du spectacle. Surtout, ils construisent volontiers leurs récits en plusieurs épisodes, pour les étaler sur des mois de représentations. L'histoire de Roland et Charlemagne à elle seule comporte pas moins de 340 épisodes de deux heures chacun... Il fallait bien tenir en haleine son public !

Pour aider les spectateurs à ne pas perdre le fil de l'histoire, les scènes jouées au cours du spectacle étaient identifiées par un petit écriteau que le marionnettiste changeait à chaque représentation.

LES BONS ET LES MÉCHANTS

Les protagonistes de ces représentations sont le plus souvent les paladins de Charlemagne (les bons) et les Sarrasins (les méchants). Autre protagoniste, le public, qui participe au spectacle presque autant que les marionnettes en manifestant bruyamment son approbation ou son désaccord. Il soutient, encourage et acclame les héros, et se moque des méchants, se réjouissant de leur défaite et de leur mort.

LES PERSONNAGES

Gano di Magonza (Ganelon), le traître, regarde toujours de travers. **Ferraù**, l'Infidèle, porte le costume sarrasin, avec des culottes bouffantes et un bouclier décoré d'un croissant de lune. La belle **Angelica**, que se disputent Roland et Renaud, est la fille du roi du Cathay. Le valeureux roi **Carlo Magno** (Charlemagne) se reconnaît facilement grâce à sa couronne.

Orlando (Roland) et **Rinaldo** (Renaud) sont les deux compagnons d'armes divisés par l'amour de la belle Angelica. Orlando incarne le sérieux, l'honnêteté et le dévouement, mais aussi la malchance en amour. En revanche, Renaud, d'origine modeste, a appris à se débrouiller par lui-même ; c'est un séducteur, gai et rebelle, l'antithèse de Roland.

DEUX TRADITIONS

Les *pupi* sont en bois (les guerriers possèdent une armure métallique) et sont actionnés par des fils de fer rigides fixés à la tête et à la main droite. Ces incroyables personnages sont fabriqués par les marionnettistes eux-mêmes ou par d'habiles artisans. Très complexe et soignée dans le moindre détail, une marionnette demande plusieurs jours de travail. Une simple armure, par exemple, suppose l'assemblage à la main d'une bonne trentaine d'éléments.
Il existe deux grandes écoles de *pupi* : Palerme et Catane. Le *pupo* palermitain mesure de 80 cm à 1 m de haut et pèse 8 kg ; ses genoux sont articulés et il peut dégainer et rengainer son épée. Son poids, relativement léger, permet au marionnettiste de le manipuler assez facilement. C'est une marionnette souple, rapide, qui sautille et rebondit sans cesse et réagit immédiatement aux coups d'épée.
Le *pupo* de Catane est plus grand, il mesure 1,40 m et pèse entre 16 et 20 kg. Ses genoux sont fixes et son épée est toujours dégainée, prête à frapper. Ses mouvements sont plus

Marka/age fotostock

Pupi.

posés, plus amples et emphatiques, ses déplacements et ses chutes se produisent avec lenteur, ce qui donne une curieuse impression de réalisme. Pour découvrir l' univers particulier des *pupari*, vous pouvez visiter à Palerme le **Museo Internazionale delle Marionette Pasqualino** ou aller voir une représentation chez **Vincenzo Argento e Figli** ou au **Teatro dell'Opera Mimmo Cuticchio** (*Nos adresses p. 113*).

Buon appetito

La cuisine sicilienne porte les traces des civilisations qui se sont établies dans l'île depuis des millénaires. couscous au poisson dans le golfe de Castellamare, spécialités à la pâte d'amande, préparées par les religieuses comme en Espagne, pâtisseries à base de miel apportées par les Arabes, mais aussi quelques recettes de la cuisine française que les *monsù*, les cuisiniers français des familles nobles, avaient adaptées en fonction des ingrédients locaux.

UNE CUISINE MÉDITERRANÉENNE

Le plus souvent à base de légumes, l'*antipasto* vous fera découvrir les saveurs extraordinaires des légumes cultivés en Sicile, et en premier lieu l'aubergine *(melanzana)*, ingrédient de base de la **caponata**, sorte de ratatouille aux aubergines avec câpres, poivrons et vinaigre. Mais vous trouverez aussi sur votre menu des préparations à base de brocolis, artichauts ou cardons, parfois préparées à la « **ghiotta** » (aux oignons, olives, câpres et tomates). À goûter également, la salade d'oranges et sardines, un mélange inattendu mais très savoureux. Ensuite viennent bien sûr les pâtes. À Palerme, la spécialité incontournable est la **pasta con le sarde**, pâtes aux sardines avec raisins secs, chapelure et pignons de pin. Pour le plat principal, vous avez le choix entre viande et poisson. La plupart des restaurants vous proposeront des **sarde alla beccafico**, étonnant mélange de saveurs sucrées/salées où les sardines sont accompagnées de jus d'orange, de mie et de pignons de pin. Vous pouvez aussi retrouver des saveurs françaises en dégustant des **chiocciole**, escargots bouillis accompagnés d'une sauce à l'ail et au persil, ou découvrir des traditions culinaires juives avec le **quarume**, à base d'abats de veau. Un peu plus au sud, dans le golfe de Castellamare, vous trouverez du cous-cous au poisson, qui tous les étés est célébré par des milliers d'amateurs, pendant la **CousCousFest** de San Vito Lo Capo.

EN-CAS À LA SICILIENNE

Dans toute l'île, manger dans la rue est une habitude alimentaire incontournable. Parmi les spécialités : les **arancine** (grosses boulettes de riz farcies avec de la viande et des petits pois, ou au fromage et au jambon, panées et frites), sorte d'emblème de la cuisine insulaire et, bien souvent, première découverte gastronomique d'un voyage en Sicile. Vous trouverez souvent aussi des **panelle**, beignets à base de farine de pois chiche, **u sfinciuni**, sorte de pizza traditionnelle à base de tomates, d'anchois, d'oignons et saupoudrée de chapelure, le **pane c'a meusa** (sandwich à la rate saupoudré de chapelure) et les **babbaluci** (petits escargots marinés vendus en cornets), les **stigghiole**, des brochettes de tripes d'agneau ou de veau ou le **polpo bollito** (pieuvre bouillie), que vous dégusterez le long de la plage à Mondello.

POUR LES GOURMANDS

La pâtisserie appartient en Sicile aux habitudes quotidiennes. Il suffit de regarder les étals des *pasticcerie* pour prendre la mesure de la variété et de la complexité des recettes pâtissières siciliennes.
Certaines friandises créées dans les couvents – pour ne citer que la **frutta martorana**, fruits en pâte d'amandes aux mille couleurs, qui tiennent leur nom du monastère palermitain – ont agréablement envahi l'île.

yulia-bogdanova/iStock

La cassata, un des délices sucrés de la Sicile.

Les **cannoli** sont sans conteste la pâtisserie sicilienne la plus connue. Ces petits rouleaux croquants de pâte aromatisée au marsala et fourrés à la *ricotta* sucrée saveur vanille sont un délice. La **cassata**, gâteau à base de *ricotta* et orné de pâte d'amandes a aussi ses amateurs. Autre spécialité : le **biancomangiare**, un flan à base de lait. Le traditionnel **gelo di mellone** (gelée de pastèque) est aussi un incontournable de l'île.
Et comment ne pas mentionner les glaces et les *granite*, accompagnées ou non d'une brioche chaude ?

LES VINS SICILIENS

Vouée à la culture de la vigne depuis l'époque des Phéniciens et des Grecs, la Sicile s'honore d'une vingtaine d'appellations DOC (AOC), en blanc et en rouge, de grande qualité, qui font de l'île un des phares de la viticulture italienne. La production sicilienne se concentre dans la région de Trapani, dans l'arrière-pays entre Palerme et Caltanissetta, à la pointe sud-est, et sur le mont Etna, un terroir qui produit des vins très minéraux parmi les plus prisés et médaillés de l'île, surtout en rouge. Dans la région de Palerme, les vins de Monreale, de Contessa Entellina et d'Alcamo bénéficient d'une DOC.

QUELQUES PHRASES

Quelle heure est-il ? .... **che ore sono ?**
Où se trouve..? .... **dov'è ?**
C'est loin d'ici ? ...... **è lontano da qui ?**
Je me suis perdu(e) ..... **mi sono perso (persa)**
Je ne comprends pas ...... **non capisco**
Comment ça va ? .... **come sta ?**
Quand le musée est-il ouvert ? .... **quando è aperto il museo ?**
C'est combien ? .... **quanto costa ?**
Avez-vous des chambres libres ? .... **ha camere libere ?**

MOTS USUELS

bonjour .... **buongiorno**
bonsoir .... **buonasera**
au revoir .... **arrivederci**
salut, à toute heure .... **ciao**
d'accord .... **va bene**
pardon .... **scusi**
assez .... **basta**
merci .... **grazie**
oui/non .... **sì/no**
s'il vous plaît .... **per favore**

VIE COURANTE

peu/plus/moins ..... **poco/più/meno**
petit/grand .... **piccolo/grande**
ouvert .... **aperto**
fermé .... **chiuso**
où .... **dove**
quand .... **quando**
où est ? .... **dov'è ?**
monsieur.................... **signore**
madame, mademoiselle .... **signora**
chambre(s) .... **camera (camere)**
toilettes/salle de bains .... **bagno**
un bon restaurant .. **un buon ristorante**
déjeuner .... **pranzo**
dîner .... **cena**
petit déjeuner .... **colazione**

EN VILLE

ville............................. **città**
vieille ville .... **centro storico**
à droite .... **a destra**
à gauche .... **a sinistra**
entrée .... **ingresso**
sortie .... **uscita**
quai (de gare) .... **binario**
gare .... **stazione**
boulevard .... **corso**
avenue .... **viale**
descente .... **discesa**
arrêt (d'autobus) .... **fermata**
fleuve .... **fiume**
place .... **largo/piazza**
esplanade .... **piazzale**
étage .... **piano**
danger .... **pericolo**
interdit .... **vietato**
maison .... **casa**
château .... **castello**
cathédrale .... **cattedrale, duomo**
musée .... **museo**
chapelle .... **cappella**
marché .... **mercato**
cour .... **cortile**
palais .... **palazzo**
église .... **chiesa**
théâtre.......................... **teatro**
rue .... **via**
promenade .... **passeggiata**
office de tourisme ..... **ufficio turistico**

LE TEMPS ET LES JOURS

lundi .... **lunedì**
mardi .... **martedì**
mercredi .... **mercoledì**
jeudi .... **giovedì**
vendredi .... **venerdì**
samedi .... **sabato**
dimanche .... **domenica**
hier .... **ieri**
aujourd'hui .... **oggi**

demain .... **domani**
matin .... **mattina**
après-midi .... **pomeriggio**
soir .... **sera**
nuit .... **notte**

LES MOIS

janvier .... **gennaio**
février .... **febbraio**
mars .... **marzo**
avril .... **aprile**
mai .... **maggio**
juin .... **giugno**
juillet .... **luglio**
août .... **agosto**
septembre .... **settembre**
octobre .... **ottobre**
novembre .... **novembre**
décembre .... **dicembre**

URGENCES

pharmacie .... **farmacia**
médecin .... **dottore**
hôpital .... **ospedale**
un accident .... **un incidente**
police .... **polizia**

AU CAFÉ ET AU RESTAURANT

l'addition .... **il conto**
une bouteille .... **una bottiglia**
un verre .... **un bicchiere**
huile .... **olio**
vinaigre .... **aceto**
légumes .... **verdure**
salade .... **insalata**
sauce .... **salsa**
sel .... **sale**
poivre .... **pepe**
sucre .... **zucchero**
pain .... **pane**
viande .... **carne**
poisson .... **pesce**
café .... **caffè**
thé .... **tè**
lait .... **latte**

CHIFFRES ET NOMBRES

0 .... **zero**
1 .... **uno**
2 .... **due**
3 .... **tre**
4 .... **quattro**
5 .... **cinque**
6 .... **sei**
7 .... **sette**
8 .... **otto**
9 .... **nove**
10 .... **dieci**
11 .... **undici**
12 .... **dodici**
13 .... **tredici**
14 .... **quattordici**
15 .... **quindici**
20 .... **venti**
30 .... **trenta**
40 .... **quaranta**
50 .... **cinquanta**
60 .... **sessanta**
70 .... **settanta**
80 .... **ottanta**
90 .... **novanta**
100 .... **cento**
1000 .... **mille**

Q

R

S

T

Crédits photographiques p. 4-5
(de gauche à droite et de haut en bas)

F. Guiziou/hemis.fr
P. Eastland/age fotostock
G. Baviera/Sime/Photononstop
CSP_gandolfocannatella/Fotosearch LBRF/age fotostock
majaiva/iStock
marzolino/iStock
K. Zelazowski/age fotostock
R. Harding/hemis.fr
PhotoGF/iStock
A. Bartuccio/Sime/Photononstop

Collection sous la direction de Philippe Orain

Responsable d'édition et rédactrice en chef du guide : Maura Marca

Secrétaire d'édition	Alexandra Forterre
Rédaction	Eva Cantavenera, Marie-Isabelle Corradi, Jean-Louis Gallo, Hervé Kerros, Sophie Lhéraud, Denis Montagnon, Véronique Nègre.
Ont contribué à ce guide	Altiplano, Ecaterina-Paula Cepraga, Theodor Cepraga, Costina-Ionela Lungu (**Cartographie**), Véronique Aissani, Carole Diascorn (**Couverture**), Marion Capéra, Sophie Roques, Marie Simonet, Anne-Sophie Hedan (**Iconographie**), Cristian Catona, Hervé Dubois, Bogdan Gheorghiu, Pascal Grougon (**Prépresse**), Dominique Auclair (**Pilotage**) Plans de ville : © MICHELIN et © 2006-2018 TomTom. All rights reserved.
Conception graphique	Laurent Muller (couverture et maquette intérieure)
Régie publicitaire et partenariats	business-solutions@tp.michelin.com *Le contenu des pages de publicité insérées dans ce guide n'engage que la responsabilité des annonceurs.*
Contacts	Vous souhaitez nous contacter ? Envoyez-nous un email à l'adresse : tourisme@tp.michelin.com
	Parution 2021

Michelin Travel Partner
Société par actions simplifiée au capital de 15 044 940 EUR
27 Cours de l'Ile Seguin - 92100 Boulogne Billancourt (France)
R.C.S. Nanterre 433 677 721

Dépôt légal : 12-2020 – ISSN 0293-9436
Compograveur : Michelin Travel Partner, Boulogne-Billancourt
Imprimeur : Printer Trento, Trento (Italie)
Imprimé en Italie : 11-2020

Usine certifiée 14001
Sur du papier issu de forêts bien gérées